Johanna Stegen,

die Heldin von Lüneburg

Eberhard Korthaus

Johanna Stegen,

die Heldin von Lüneburg

Eberhard Korthaus

Roman

2015

Carola Hartmann Miles-Verlag

Bibliografische Information der Deutschen Nationalbibliothek

Die Deutsche Nationalbibliothek verzeichnet diese Publikation in der Deutschen Nationalbibliografie; detaillierte bibliografische Daten sind im Internet über www.dnb.de abrufbar.

www.miles-verlag.jimdo.com

email: miles-verlag@t-online.de

Printed in Germany

ISBN 978-3-945861-14-1

Für Benedikt, Clemens und Thomas

Inhalt

Vorwort

Zeiten von Krieg, Fremdherrschaft und Verfolgung sind Zeiten gemeinsamer Not, die mutige und selbstlose Taten erfordern. Wer die wagt, wird zum Helden und verdient es, im guten Gedenken der Nachwelt zu bleiben. Johanna Stegen aus Lüneburg war eine jener tapferen jungen Frauen, die im Befreiungskriege gegen die napoleonische Fremdherrschaft zu Heldinnen wurden.

Der Autor lässt den Leser teilnehmen an der Breite und Vielfalt des Ablaufs von Geschehnissen der napoleonischen Fremdherrschaft sowie am Kampf der Befreier, der Söldnerheere, der freiwilligen Jäger und der Bürger im Kriegsgebiet. Darin eingeordnet ist der liebevolle Bericht über Johanna Stegen, die mit mutigem Einsatz ihres Lebens zum Gelingen eines der ersten Siege gegen die napoleonischen Truppen in Deutschland beitrug und in den Kreis der Patrioten jener Zeit einbezogen wurde.

Hier knüpft der Autor an, um das Lebensbild der Heldin einzuweben in Probleme jener Zeit und dem Leser Einblick zu geben in viele mutige Taten zu Zeiten des Krieges sowie in politische Gespräche der Patrioten und Reformer jener Zeit, mit tief greifenden Überlegungen darüber, wie man der Einheit Deutschlands und der Freiheit der mündigen Bürger dienen könne in Zeiten des Friedens.

In der gesellschaftlichen Entwicklung reifen Probleme heran, von denen – damals wie heute – niemand sagen kann, er wisse, wie sie zu lösen sind. Daher geben auch Diskussionen der Patrioten der damaligen Zeit trefflich Anlass zu einer historischen Debatte.

Professor Dr. habil. Siegfried Melchert

1. Kapitel: Auf der Flucht

Irgendetwas musste seiner Frau Friederike auf der Seele liegen. Das fühlte Pastor Johann Konrad Kahle, als er am Nachmittag eines heißen Junitages des Jahres 1813 in sein Pfarrhaus in Natendorf trat und Friederike ihn begrüßte. Es lag etwas Ungewohntes in ihrer Stimme, das er nicht deuten konnte. Vielleicht hatte sie die Nachricht von einer der vielen Gewalttaten oder Diebstähle erreicht, die in dem Land an der Tagesordnung waren, in dem napoleonische Truppen und das Militär der verbündeten Preußen und Russen sich in immer kürzeren Zeitabständen in der Kontrolle einzelner Gebiete ablösten und die immer wieder auch Mitglieder ihrer Gemeinde trafen.

Johann hatte gelernt, geduldig zu warten. Er schaute Friederike zu, während sie eine Biersuppe kochte, und ließ noch einmal die Ereignisse der beiden letzten Tage an seinem geistigen Auge vorüberziehen: Dem Schäfer Heinrich hatte ein versprengter Haufen sächsischer Jäger zwei Schafe abgenommen. Es blieben ihm noch drei Schafe, für die er nun ein möglichst sicheres Versteck vor marodierenden Soldaten zu finden suchte. Dem Bauern Harm Markmann hatten desertierte Söldner kurzerhand die bereits halb zerstörte Hütte abgebrannt, nachdem er und sein Sohn sich geweigert hatten, ihre versteckten letzten Vorräte herauszugeben. Die Familie des Onkels von Harm Markmann vermochte selbst kaum noch ihre eigenen Kinder zu ernähren, und so organisierte Pastor Kahle die Nothilfe für Harm Markmann. Die Familie wurde auf mehrere Nachbarn aufgeteilt, um nicht einzelne mit der Nothilfe völlig zu überfordern. So oder schlimmer sah Johanns Alltag aus, seitdem die napoleonischen Truppen sich im vergangenen Jahr aus Russland zurückziehen mussten und auf dem Wege ihres Rückzuges die Bevölkerung mit Requirierungen, Gewalttaten und Pressionen überzogen, wie es in Kriegen seit jeher war, und wie es auch von einer Armee nicht anders zu erwarten war, die sich einmal die Ziele der Französischen Revolution auf die Fahnen geschrieben hatte.

Friederike setzte die Biersuppe auf den Tisch und fragte ihren Mann. „Du erinnerst Dich doch an Johanna Stegen?“ „Natürlich“, antwortete Johann. „Als ich Deine Mutter vor der Schlacht von Lüneburg zu uns holte, berichtete sie, dass sie die Halbwaise Johanna Stegen als Magd beschäftige und dass diese mit ihrer verwitweten Mutter vorübergehend ihr Haus in der Neuetorstraße hüte, weil das Verlassen der Häuser in Lüneburg bei Strafe verboten worden sei. Und vor allem ist doch in aller Munde, wie Johanna den Sieg der Preußen und Russen am 2. April in der Schlacht um Lüneburg gegen die Franzosen und Sachsen durch ihre Heldentat erst möglich gemacht hat.“

„Ja“, erwiderte Friederike, „Johanna Stegen ist hier. Sie ist in der Dachstube. Sie ist heute früh auf der Flucht vor dem französischen und sächsischen Militär hier angekommen. Sie war vollkommen abgerissen und erschöpft, und wir sollten ihr zunächst ein paar Stunden Erholung gönnen. Auch wäre es sinnvoll, wenn sie erst bei Dunkelheit aus dem Versteck in der Dachkammer kommen würde, damit wir keinen Verdacht erregen. Die Franzosen haben eine Belohnung für ihre Ergreifung ausgesetzt und – wer weiß –, wer in diesen Zeiten zum Verrat fähig ist. Vor allem bin ich nicht sicher, ob der als Franzosenfreund bekannte Bürgermeister unseres Nachbarortes Bornsen, nicht auch Nachbarn an die Besatzer verrät.“ Johann stimmte zu.

Am Abend, als das ganze Dorf schon schlief, saßen Johanna Stegen sowie Friederike und Johann Konrad Kahle zusammen. Johanna hatte ihren auf der Flucht zerrissenen Rock notdürftig gesäubert und geflickt. Von den körperlichen Strapazen der Flucht hatte sie sich schnell erholt. Doch ihr Gesichtsausdruck verriet noch die Anspannung durch die ständige Angst entdeckt zu werden. Nun aber – zu dieser Nachtstunde – war erst einmal keine akute Gefahr in Sicht, und Johanna konnte ihre Angst zurückdrängen.

Sie dankte zunächst mit spürbarer Herzlichkeit für die Aufnahme im Pfarrhaus. Wohin hätte sie auch sonst fliehen sollen?

Johann Kahle war trotz des Elends, das er täglich sah, nicht im Geringsten abgestumpft. Johanna merkte ihm an, wie sehr er an ihrer geglückten Flucht Anteil nahm. Auch sparte er nicht mit Anerkennung und Lob für Johannas Heldentat: Bald nach dem Sieg der Preußen und Russen über Franzosen und Sachsen am 2. April in Lüneburg hatte sich herumgesprochen, dass dieser Sieg vor allem Johanna Stegen zu verdanken war, die die preußischen Verteidiger mit Gewehrmunition aus havarierten Patronenwagen versorgt hatte, als diesen die Munition ausgegangen war. Was sich aber in Lüneburg nach dem 2. April ereignet hatte, davon wurde in Natendorf Widersprüchliches erzählt. So hörte man Johannas Bericht mit großer Spannung:

„Schon am Tag nach dem Sieg über Franzosen und Sachsen hatten die verbündeten preußischen und russischen Generäle mit der Hauptmacht ihrer Truppen Lüneburg wieder verlassen, weil starke neue französische Verbände unter General Montbrun auf Lüneburg zumarschierten. Es hätte den sicheren Untergang der verbündeten Truppen bedeutet, wenn sie sich der französischen Übermacht zur Schlacht gestellt hätten. So wurden wir in Lüneburg rasch aus unserem Siegestaumel gerissen und bekamen die Wut, Brutalität und Rachegelüste der französischen Eroberer zu spüren, die einen Tag nach dem Abzug der Preußen und Russen einrückten.

Da im Henseschen Haus in der Neuetorstraße Einquartierungen von französischen Offizieren zu erwarten waren, mussten meine Mutter und ich uns in unser kleines Haus in der Ritterstraße zurückziehen, wo ich mich auch lange Zeit unbemerkt versteckt halten konnte. Wie gefährlich es war, in das Visier der französischen Besatzer zu geraten, zeigte sich schon in der Nacht auf den 6. April. General Montbrun ließ mehr als hundert Lüneburger Bürger in Geiselhaft nehmen. Zum Glück hatten die preußischen und russischen Truppen in der Schlacht um Lüneburg viele französische Offiziere gefangen genommen, die sie in Boizenburg hinter die Elbe gebracht hatten. Mit der Gegendrohung unter diesen Offizieren Hinrichtungen vorzunehmen, erzwang General von Dörnberg die Freilassung der Lüneburger Geiseln.

Es sah für uns so aus, als stünden größere Schlachten bevor, für die sich die Truppen beider Seiten in häufig wechselnde Positionen begaben, sei es, um Proviant zu beschaffen – auf ehrliche Weise oder durch Raub oder auch durch Bezahlung mit wertlosem gefälschtem Geld –, sei es, um einer unerwünschten Schlacht auszuweichen, oder auch, um eine günstige Ausgangsstellung für eine in Aussicht genommene Schlacht einzunehmen. Und so verschwand die neue französische Besatzung Lüneburgs am 9. April wieder ohne für uns ersichtlichen Grund. Es hieß, dass alle französischen Truppen sich entweder auf Magdeburg zu bewegten oder hinter die Weser zurückzögen. Die preußischen und russischen Truppen unter General von Dörnberg kehrten nach Lüneburg zurück und blieben dort vom 11. bis zum 25. April, zogen sich jedoch am 26. April vor einer französischen Übermacht abermals auf die andere Seite der Elbe zurück. Und ab Ende April hatten wir erneut eine französische Besatzung, die bisher nicht wieder abgezogen ist.

Im Gegenteil: Diese Besatzung unter General Sebastian richtete sich auf längere Zeit ein. Außen vor den Stadtmauern wurden Palisaden eingerammt, die Stadttore wurden streng bewacht, und die verhassten Douaniers und Gendarmen kehrten zurück. Diese französischen Zoll- und Polizeibeamten pressten aus der Stadt immer mehr heraus, um die ständig durchziehenden französischen Truppen zu versorgen. Wir hatten immer weniger zu essen. Das Verstecken von Vorräten wurde schwieriger, weil die Besatzer vollkommen willkürlich zugriffen, wo sie noch Nahrung vermuteten. Für das Palisadensetzen und das Schanzen wurden arbeitsfähige Männer auf der Straße fest genommen. Kräftige Männer mieden Orte, an denen Sie vom Aufgreifen bedroht waren.

Vor allem aber fürchteten wir die Rache und den Hass, der sich auf jeden von uns richten konnte: Ein Mädchen, das sie der Spionage verdächtigten, hatten sie auf dem Marktplatz zu Tode geprügelt. Längst hatten die Kommandeure vor der Disziplinlosigkeit hasserfüllter oder betrunkener Soldaten kapituliert, solange sich diese gegen Zivilisten richtete und nicht die Ordnung im Gefecht in Gefahr brachte. Unsere Stimmung schlug in Verzweiflung um. Auch ich wurde von den Franzosen gesucht, weil ich am 2. April den Preußen Patronen zugetragen hatte. Einige Wochen nach Beginn der neuen Besatzung wurde das Haus meiner Mutter von französischen Gendarmen durchsucht. Glücklicherweise hielt ich mich aber bei der Tochter unseres Nachbarn, des Schustermeisters Wiese, auf. Der sah von der Utlucht seiner Werkstatt aus, wie die Gendarmen das Haus meiner Mutter betraten, und versteckte mich in seinem Hühnerstall. Das gelang mit Mühe und Not: Die Hühnerverschläge waren sehr niedrig, so dass ich nur hockend mit stark eingezogenem Kopf hineinpasste. Trotz des starken Gestanks bei großer Hitze musste ich jeden Niesreiz unterdrücken, um mich nicht zu verraten. Ich zitterte vor Verzweiflung: War denn gar kein Ende abzusehen? Blieb denn gar kein Ausweg mehr? Mussten wir einfach schutzlos abwarten, bis uns ein Besatzer umbrachte?

Nachdem die Gendarmen auch das Haus des Schustermeisters Wiese durchsucht hatten, ohne mich zu finden, waren sie abgezogen. Der Nachbar befreite mich aus meinem dunklen, stickigen und stinkenden Versteck. Die Verzweiflung hatte in mir den Plan reifen lassen, zu fliehen. Ich besprach meine Absicht mit meiner Mutter, die mir riet, mich zu Euch auf den Weg zu machen und um Obdach zu bitten. Noch am selben Abend gingen meine Mutter und ich etwa eine Stunde vor Mitternacht zu einer Stelle am Graalwall, die für patrouillierende Wachen nur aus nächster Nähe einzusehen ist, und nahmen Abschied. Dunkle Wolken verdeckten den Mond, und so wagte ich es, mich vorsichtig über Wall und Graben bis zu den neu gesetzten Palisaden vorzutasten. Gespannt und mit klopfendem Herzen horchte ich in die Nacht. Nichts regte sich, und so kletterte ich über die Palisaden, zerriss aber beim Herunterspringen auf die andere Seite meinen Rock.

Der Schreck folgte sofort. Eine Stimme rief ‚wer da?' Das musste eine Patrouille sein, die auf dem Graalwall lief und vermutlich irgendetwas gehört hatte. Gott sei Dank verdeckten die Wolken weiterhin den Mond, so dass die Patrouille nur wenige Meter weit sehen konnte. Auch schien dem Wächter die Richtung unklar zu sein, aus der das Geräusch kam. Ich blieb eng an die Palisaden gepresst auf der Erde liegen und zitterte am ganzen Leib. Ein Wächter kam jedoch nicht in meine Richtung. Offensichtlich setzte er seinen Weg in Richtung Bardowicker Mauer fort. Vielleicht suchte er dort. Langsam und so lautlos wie möglich tastete ich mich voran, bis ich in die Nähe der Straße nach Reppenstedt kam. Hier gab es einen Abschnitt ohne Walddeckung. Deshalb ging ich über Kornfelder, so dass ich mich jederzeit fallen lassen konnte, wenn ich mich verstecken musste.

Endlich erreichte ich den Wald. Erschöpft von Anstrengung und Anspannung ruhte ich mich einige Zeit, an einen Baum gelehnt, aus. Große Stille lag über dem Wald. Plötzlich fühlte ich, wie einsam ich war. Die Angst vor den verrohten Schergen, die ja sogar das Mädchen auf dem Marktplatz tot geschlagen hatten, stieg in mir auf. Wenn meine Flucht jetzt nicht an meiner eigenen Angst und Verzweiflung scheitern sollte, musste ich mich aufraffen. Ich dachte daran, dass es ja am 2. April viel gefährlicher gewesen war. So fasste ich denn Mut und setzte meinen Weg fort. Es gab nur eins: Weiter und immer weiter, nicht grübeln, sondern aufmerksam in der Dunkelheit auf alles achten, was vor mir lag, und gleichzeitig auf Geräusche hören. So lief ich denn fast ohne Unterbrechung durch den Wald über Heiligenthal an Embsen und Velgen vorbei.

Da die Wolken den Mond nur hin und wieder kurz freigaben, herrschte meistens schlechte Sicht auf der Straße. Ich konnte also fast immer auf der Straße gehen, ohne dass ein Entgegenkommender mich hätte sehen können, bevor ich ihn durch seine Geräusche wahrgenommen hätte. Ich kam rasch voran und begegnete im Waldgebiet auch niemandem. Als ich an Velgen vorbeilief, hatte ich mich aber einem Hof zu sehr genähert. Ein Hund schlug an. Einen Augenblick blieb ich starr vor Entsetzen stehen, wandte mich von der Straße ab in den Wald und hetzte – von Angst getrieben – immer weiter Wald einwärts. Glücklicherweise kam ich bald auf einen Weg, den ich wieder erkannte. Das Hundebellen hatte aufgehört, und es war nur noch etwa eine Meile, bis ich vor Eurer Haustür stand“, schloss Johanna, die die Flucht während ihrer Erzählung noch einmal durchlebt hatte, wie Friederike und Johann an gelegentlichem Zittern ihrer Stimme erkannten.

Johann spürte sofort, dass er Johanna zusagen musste, dass sie in Natendorf bleiben könne, solange es notwendig sei. Schon zu oft hatte er nämlich in den letzten Jahren erlebt, dass von der französischen Polizei erbarmungslos gejagte Menschen, die keine Zufluchtstätte gefunden hatten, schließlich vor Verzweiflung Hand an sich gelegt hatten. Johanna hatte indes auch nicht daran gezweifelt, dass die Pastorenfamilie sie aufnehmen würde. Ihre Dienstherrin, Frau Hense, hatte ihr sehr oft von dem Mut und der Güte ihres Schwiegersohnes, des Pastors Johann Kahle, erzählt, so dass sich Johanna gar nicht vorstellen konnte, dass man sie hier abwies. Dennoch, die ausdrückliche Zusicherung Johanns tat ihr gut und gab ihr innere Kraft. Sie war nicht einsam. Und in der Schlacht um Lüneburg hatte sie erfahren, was es bedeutete, wenn sie Menschen um sich wusste, die sie schützen würden.

Friederike hatte seit einigen Wochen keine Nachrichten mehr aus Lüneburg von ihrer Mutter erhalten. Auch Johanna konnte keine Neuigkeiten übermitteln. Sie war letztmals Ende April, als die Preußen kurzzeitig nochmals in Lüneburg waren, bei Friederikes Mutter in der Neuetorstraße gewesen. In der Zeit danach musste aber wegen der französischen Einquartierungen im Henseschen Haus der Kontakt streng gemieden werden.

Das Leben von Georg Heinrich Kahle, dem zwölfjährigen Sohn des Pastorenpaares, der in Lüneburg die Klosterschule besuchte, verlief vermutlich in den üblichen Bahnen. Jedenfalls waren in der Nachbarschaft von Johannas Mutter, in der die meisten Lüneburger Neuigkeiten umliefen, keine Übergriffe der Besatzer auf die Klosterschule bekannt geworden.

Schließlich legten sich alle zur Nachtruhe. Johanna verbrachte seit langem die erste Nacht, in der sie nicht geängstigt im Traum aufschreckte.

Am kommenden Morgen blieb Johanna in der Dachstube. Sie half Friederike bei Näh- und Stopfarbeiten. Gegen Mittag brachte Friederike eine Mahlzeit in die Dachstube, welche die beiden Frauen gemeinsam einnahmen. Johanna vertraute der Frau des Pastors an, wie sehr es sie gestern aufgerichtet hatte, als Johann ihr versprochen hatte, sie könne in Natendorf bleiben, solange es nötig sei. Doch blieb unausgesprochen, dass es eigentlich nicht die Pastorenfamilie war, die bestimmte, wie lange Johanna sich hier vor den französischen Besatzern verstecken konnte. Solange die Franzosen im Land blieben, reichte ein einziger Verrat, um Johanna wieder zur Gejagten französischer Schergen zu machen.

Deshalb fragte Johanna: „Sind die Menschen hier zuverlässig, oder sind Verräter unter ihnen?“ Friederike spürte, dass sie nicht mit Beschwichtigungen antworten durfte und sagte: „Wenn Johann heute Abend wieder kommt, wollen wir uns zusammensetzen und besprechen, wie wir uns verhalten. Bisher sehe ich nichts, was auf Verrat oder Entdeckung hinweist.“ Johanna aber konnte ihre Gedanken nicht von ihrer Situation abwenden und fragte weiter: „Oder können wir vielleicht damit rechnen, dass die französischen Truppen bald aus Deutschland verjagt werden? In Lüneburg zirkuliert der Aufruf des Königs von Preußen an sein Volk, der zum Freiheitskrieg gegen Napoleon auffordert, und es melden sich in großer Zahl Freiwillige zu den preußischen Fahnen. An der Schlacht um Lüneburg waren die von Reicheschen Jäger beteiligt, die ausschließlich aus Freiwilligen bestanden. Die ersten freiwilligen Jäger aus Lüneburg wurden den pommerschen Füsilieren zugeteilt. Sie kämpften ebenfalls am 2. April in Lüneburg“.

Friederike wusste, dass sich ihr Mann über aktuelle politische und militärische Dinge informierte. Auch er wünschte die gewaltsame Befreiung, weil er jeden Tag sah, dass die Besatzung die Lebensgrundlagen der Menschen zerstörte. Zurzeit war seine größte Sorge, dass die Bauern der Umgebung für die nächste Feldbestellung weder genug Saatgut noch ausreichend Pferde oder Ochsen hatten. Wenn nicht von außen Hilfe käme, liefe das auf eine Hungersnot im nächsten Jahr hinaus. Vor allem aber: Napoleon war ein Mann des Alles oder Nichts, der seine Ruhmsucht bedenkenlos vor das Leben von Hunderttausenden von Menschen stellte. So war er mächtig geworden und so würde er bis in den Untergang hinein bleiben. Mäßigung war von diesem Mann nicht zu erwarten. Dies vor Augen, antwortete Friederike: „Sicher werden sie irgendwann vertrieben werden, aber lass uns heute Abend Johann fragen, ob er Neues weiß.“

Am späten Abend saßen Friederike, Johann und Johanna wieder beisammen. Friederike berichtete, dass Johanna die Fragen nach möglichen Verrätern am Ort und nach den Aussichten auf eine entscheidende Niederlage der französischen Truppen auf den Nägeln brennen würden. Johann war am gestrigen Abend mit Bedacht noch nicht auf die Frage eingegangen, wie man sich vor Verrat schützen könnte. Er hatte sich jedoch im Verlaufe des heutigen Tages Gedanken darüber gemacht, weil er wusste, dass dieses Thema auf den Tisch kommen musste.

Zuerst aber sprach er von der Hoffnung, dass Napoleon vernichtend geschlagen werde: „Ich bin sicher, dass die französischen Truppen aus Deutschland vertrieben werden. Die Menschen haben den Aufruf zum Freiheitskampf mit großer Hoffnung, Begeisterung und Opfermut aufgenommen. Es wird zum Krieg des Volkes gegen Napoleon kommen. Er wird es über kurz oder lang nicht mehr mit den Truppen von Fürsten und Königen zu tun haben, sondern mit einem Volksheer. Auch die noch mit Frankreich verbündeten Könige von Bayern und Sachsen werden so unter den Druck ihrer Völker geraten, dass sie das Bündnis wechseln müssen. Das gibt mir die Sicherheit, dass die Franzosen verjagt werden. Auch gibt es erste Erfolge: Im Februar haben Hamburger offen gegen die Besatzung rebelliert, Spitzel in die Fleete geworfen und Zwangsrekrutierte aus dem Rathaus befreit, wobei französisches Militär tatenlos zugeschaut haben soll. Und in Lüneburg wurde ja der erste Sieg der Verbündeten über französische Truppen nach dem Russlandfeldzug gefeiert. Seit Ende Mai ist Hamburg allerdings erneut eine französische Festung. Und ebenfalls im Mai haben die Franzosen kleinere Schlachten in Großgörschen und Bautzen gewonnen. Wir können also nicht wissen, wann wir befreit werden. Das kann rasch gehen, kann aber auch noch dauern. Napoleon hat zwar mehrere hunderttausend Soldaten auf seinem Rückzug aus Russland verloren. Aber er hat dafür gesorgt, dass eine große Anzahl von Offizieren sich aus Russland retten konnte, und nur auf die kommt es ihm an.

Mit den geretteten Offizieren und in Frankreich neu ausgehobenen Rekruten hat Napoleon im Handumdrehen eine neue Armee aus dem Boden gestampft. Und es sind seine Generäle, die allein um ihrer Kriegsbeute willen den preußischen und russischen Truppen harten Widerstand leisten werden. Die napoleonischen Generäle haben in den Eroberungskriegen der vergangenen Jahre Domänen, Fürstentümer und sogar Königreiche zum Lohn für ihre Siege erhalten. Ein General nennt sich Herzog von Elchingen, ein anderer Fürst von Eckmühl und ein dritter gar König von Neapel. All das ist verloren, sobald Napoleon dahin verjagt wird, wo er hingehört, nach Frankreich. Die französischen Generäle werden alles daran setzen, ihre erbeuteten Güter und Privilegien zu halten. Richten wir uns also zunächst noch auf eine französische Besatzung ein und hoffen wir, dass sie rasch beendet sein wird", schloss Johann seine Betrachtungen zu den Aussichten auf eine Befreiung von der französischen Herrschaft.

Dann wandte er sich den drängenden Fragen von Verrat und Entdeckung zu und fuhr fort: „Ich habe heute mit dem franzosenfreundlichen Bürgermeister unseres Nachbardorfes Bornsen gesprochen. Er sieht das französische Militär sehr geschwächt und rechnet weiterhin mit abwechselnder Besetzung durch Franzosen und Preußen. Er wird sich darauf einstellen. Von ihm brauchen wir keinen Verrat zu fürchten; denn er weiß, dass ein Verrat ihm beim nächsten Besatzungswechsel schaden würde. Aber so berechenbar wie der Bürgermeister von Bornsen sind nicht alle möglichen Verräter. Da sind die Entwurzelten und Demoralisierten, die nicht mehr nach Recht und Anstand fragen, ja sich nicht einmal mehr über die Vorteilhaftigkeit ihres eigenen Handelns für die Zeit von ein paar Wochen Gedanken machen, sondern die nur an den Augenblick denken. Sie wollen überleben. Und da sind die zu allen Zeiten Charakterlosen und Raffgierigen. Sie verraten für Geld, ob es ihnen nun gut geht oder schlecht."

„Praktisch bedeutet das alles", fuhr Johann fort, indem er sich an Johanna wandte, „dass wir nach Möglichkeiten suchen sollten, Deine Anwesenheit hier geheim zu halten." „Ja", antwortete Friederike. „Wir müssen uns zunächst darüber im Klaren sein, dass unsere beiden Töchter zu klein sind, um zu verstehen, dass sie von Johannas Anwesenheit nichts nach draußen tragen dürfen. Wir sollten Johanna deshalb als meine Cousine Johanna Plathe ausgeben, die aus Artlenburg zu uns gekommen ist. Wenn Johanna über Artlenburg gefragt wird, kann sie darüber Auskunft geben, weil sie es kennt." Dieser Vorschlag fand einmütige Zustimmung; wie sollte man auch sonst auf das Verhalten der kleinen Kinder im Hause einwirken.

Am nächsten Morgen erklärten die Eltern ihren beiden kleinen Töchtern Christiane und Henriette, dass Johanna Plathe eine Verwandte der Mutter sei und jetzt einige Zeit bei ihnen bleiben werde. Johanna fand bei den kleinen Mädchen großen Anklang und konnte Friederike bei der Kinderbetreuung behilflich sein.

2. Kapitel: Rückblick auf die Schlacht um Lüneburg

In den nächsten vier Wochen nahm das Leben im Pfarrhaus seinen gewohnten Gang, bis eine Bettlerin aus Lüneburg an die Haustür klopfte und Johanna erkannte. Sie ließ es nicht an Hinweisen fehlen, dass Johanna sich gut versteckt halten solle, weil sie ja gesucht werde. Dass sie auf diese Weise möglichst viel zu erbetteln versuchte, machte sie verdächtig. Johanna erkannte die Gefahr und packte am folgenden Morgen ihren Korb, verbarg ihren rotblonden Schopf unter einem Tuch, damit sie nicht an ihren Haaren erkannt werden konnte, und machte sich auf den Weg nach Lüneburg. Dort wurde sie nicht vermutet, und sie müsste sich dann im Haus ihrer Mutter verstecken, solange die Franzosen Lüneburg besetzt hielten.

Als Johanna den Wald erreicht hatte, sah sie sich im Schutz der Bäume ein letztes Mal um. Ein Schreck fuhr ihr in die Glieder: Zwei französische Polizisten ritten auf die Kirche zu. Johanna zog sich weiter in den Wald zurück und hielt den Kirchplatz und seine Umgebung aus ihrem Versteck im Blick: Die Gendarmen traten in das Pfarrhaus ein. Es dauerte recht lange, bis sie es wieder verließen. Sicherlich hatten sie die Zeit genutzt, um das Haus zu durchsuchen. Jetzt ritten sie in Richtung Bornsen zurück. Es lag nahe, dass sie den franzosenfreundlichen Bürgermeister dieses Dorfes aufsuchen würden.

Johanna jagten die Gedanken durch den Kopf: Sie musste fürchten, dass die Gendarmen nach einer gewissen Zeit nach Natendorf zurückkehren würden. Deshalb gab es für sie kein Zurück. Aber konnte sie noch bei Tage fliehen oder musste sie wieder die Nacht zur Flucht nutzen, und wo sollte sie bis zum Anbruch der Dunkelheit bleiben?

Sie entschloss sich schließlich, über Umwege bis nach Reppenstedt zu laufen. Im Schatten der Wälder fand sie Schutz vor der brennenden Sommersonne. Hin und wieder gab der Wald den Blick auf

Felder frei, auf denen Bauern mit der Ernte beschäftigt waren. Als sie Reppenstedt unbehelligt erreicht hatte, fühlte sie sich sicher; denn die Straße von dort nach Lüneburg war recht belebt: Fußgänger, Handkarren und Ochsengespanne zogen in beide Richtungen. Pferdefuhrwerke waren nicht zu sehen. Die Besatzungsmacht hatte wohl alle Pferde, die sie finden konnte, requiriert. Und wer noch ein Pferd versteckt hatte, wagte sich aus Furcht vor Beschlagnahme, die man auch Raub nennen konnte, nicht damit auf die Straße.

Selbst als ihr aus Richtung Lüneburg eine Gruppe von drei französischen Douaniers in Begleitung einer jungen Frau entgegenkam, sah Johanna zunächst keine Gefahr: Die vier machten den Eindruck, dass sie sich recht gut miteinander amüsierten. Allerdings fiel ihr auf, dass die Frau sie nach einem ersten flüchtigen Blick erneut fixierte. Das nahm sie als Warnung wahr, zwang sich aber zur Ruhe. Kaum war sie an der Gruppe vorbeigegangen, hörte sie, wie die Frau laut zu ihren Begleitern sprach und dabei deutlich der Name Johanna Stegen fiel. Es folgte ein weiterer aufgeregter Wortwechsel innerhalb der Gruppe. Die drei Männer begriffen, dass Johanna gesucht wurde und für ihre Ergreifung eine Belohnung ausgesetzt war. Sie wandten sich um, zogen ihre Säbel und nahmen die Verfolgung auf. Johanna hatte zu diesem Zeitpunkt schon reagiert, ihren Korb fallen lassen und rannte um ihr Leben. Die wohlgenährten Verfolger waren nicht so schnell auf den Beinen, so dass Johanna einen Vorsprung gewann.

Von den entgegen Kommenden machte niemand Anstalten, sie gegen die Franzosen zu schützen. Wenn allerdings auch nur einer dieser Passanten mit den Schergen paktieren und sie aufhalten würde, wäre sie gefangen. Johanna lief deshalb nicht auf der Straße weiter, sondern bog in einen Nebenweg ohne Gegenverkehr ein. Sie konnte ihren Vorsprung noch vergrößern. Die Verfolger stolperten weiter keuchend hinter ihr her. Johanna lief auf einen ihr bekannten Meierhof zu, stürzte dort in die Küche und rief: „Versteckt mich, die Franzosen jagen mich!“ Die Köchin Margarete kannte Johanna, öffnete die Kellerluke und versteckte sie unter einem mit der Öffnung nach unten aufgestellten Fass, dessen Kante sie auf ein Stück Holz setzte, so dass Johanna genügend Luft bekam. Margarete hatte nicht zum ersten Mal einen Menschen versteckt. Nur so war die Routine und Geschwindigkeit des Vorganges zu erklären.

Als die Douaniers ein wenig später im Meyerhof eintrafen und verlangten, Johanna zu übergeben, führte Margarete sie zur Tür, die zum Garten zeigte, und sagte, Johanna sei durch die Tür in den Garten geflohen und von dort weiter in Richtung Wald gelaufen. Natürlich glaubten die Franzosen das nicht und durchsuchten das Haus. Den nur durch die gut getarnte Bodenluke zugänglichen Vorratskeller übersahen sie dabei allerdings. Sie zogen unverrichteter Dinge ab.

Einige Mägde vom Hauspersonal des Meierhofes wollten nun Johanna sofort loswerden. Sie fürchteten, dass die Besatzer zurückkehren, die Gesuchte doch noch finden und auch an ihnen Rache üben würden. Margaretes Autorität aber brachte zunächst alle zum Schweigen. Sie war froh, als der Hausherr von der Feldarbeit zurück kam und sie unterstützte. Beide überlegten, was zu tun sei. Auf der einen Seite sollte Johanna so schnell wie möglich aus dem eiskalten Keller befreit werden. Andererseits rechnete auch der Hofbesitzer aufgrund früherer Erfahrungen damit, dass die Douaniers während des Tageslichts zu erneuter Kontrolle zurückkehren würden. Da kein anderer Raum im Hause sich als Versteck wirklich gut eignete, entschied er, dass Johanna erst nach Einbruch der Dunkelheit aus ihrem Versteck geholt werden solle. Danach fürchtete er keine Rückkehr der Franzosen mehr, denn diese konnten sich nach Einbruch der Dunkelheit außerhalb der Stadt auch nicht mehr sicher sein. Nach ihrer Befreiung aus dem Versteck – so ordnete der Hausherr an – solle Johanna mit warmem Essen versorgt werden. Er wolle zu Beginn der Dämmerung den Schäfer Fritz schicken, der Johanna zur Stadtgrenze führen solle. Fritz kannte die Umgebung der Stadt besonders gut und wusste, wo man nachts unentdeckt über Wall und Mauer steigen konnte.

Johanna durchlitt schreckliche Stunden in dem kalten Keller. Es war nicht nur die quälende Ungewissheit, was sich in all der Zeit dort oben abspielte und ob sie würde entkommen können. Nachdem sie von der Flucht vollkommen durchgeschwitzt war und einige Stunden bei großer Kälte bewegungslos in dem engen Fass gehockt hatte, begann sie zu zittern und zu fiebern. Sie wagte es aber nicht, das Fass umzustoßen, weil sie damit rechnete, dass sie der Lärm verraten könnte.

Als schließlich die Dämmerung hereingebrochen war, befreite die Köchin die verzweifelt weinende Johanna aus dem Fass und stärkte sie mit einer warmen Suppe. Der Schäfer Fritz war inzwischen eingetroffen und besprach mit Johanna die weitere Flucht: Über den Faulen Graben, nahe dem Salinengebiet, führte ein kleiner, schlecht einsehbarer Steg. Dahin wollte der Schäfer sie begleiten. Und von dort aus sollte Johanna im Schutz der Büsche auf der anderen Seite des Faulen Grabens bis zum Sülzwall laufen. Die Möglichkeiten diesen Wall unbemerkt zu überqueren, kannte Johanna aus ihren Kindheitstagen.

So machten sich beide auf, und Johanna gelangte wohlbehalten in die Stadt. Sie mied die bekannten Patrouillenwege der Wächter und erreichte das Haus ihrer Mutter in der Ritterstraße, ohne gesehen zu werden. Seit der Flucht ihrer Tochter hatte Sophie Stegen einen sehr schlechten Schlaf. Sie war in ständiger Angst um ihr einzig verbliebenes Kind. Sie hörte sofort das leise Klopfen an der Fensterlade und vermutete, dass es Johanna war. Sie öffnete die Tür und war vor Glück und Freude überwältigt, hatte jedoch auch die Angst schon so sehr verinnerlicht, dass sie instinktiv alle Worte unterdrückte, bis sie die Tür hinter sich geschlossen hatte und draußen nicht mehr gehört werden konnte. Auch zündete sie im Haus keine Kerze an, um Aufmerksamkeit zu vermeiden. Die Mutter fühlte, dass Johanna stark fieberte. Sie richtete ihr das Bett und wachte für den Rest der Nacht an ihrer Seite. Sie versuchte ihre Tochter mit Hausmitteln zu kurieren, wie sie es so oft getan hatte.

Mit Nachlassen des Fiebers konnte Johanna das Bett verlassen. Aber wie viel Bewegungsfreiheit konnte sie sich in dieser letzten Zuflucht noch erlauben, ohne entdeckt zu werden? Schweren Herzens beschlossen sie und ihre Mutter, dass sie tagsüber stets in der Dachstube blieb, dort jedoch abends nie eine Kerze angezündet werden sollte, weil das den Schluss nahe legen konnte, dass sich zwei Menschen in dem Haus aufhielten. Sie entschieden auch, den Nachbarn Wiese trotz seiner großen Vertrauenswürdigkeit nicht über Johannas Anwesenheit zu informieren. Jeder Eingeweihte – auch wenn er kein Verräter war – erhöhte das Entdeckungsrisiko. Wenn keiner etwas wusste, konnte auch nicht unbeabsichtigt etwas ausgeplaudert werden. Abends saßen Johanna und ihre Mutter dann bei geschlossenen Fensterläden zusammen. Die Mutter erzählte ihrer Tochter die neuesten Nachrichten und Gerüchte. Ansonsten aber war Johanna in den nächsten Wochen sehr isoliert. Und es dauerte auch eine ganze Weile, bis Sophie Stegen ihre Tochter durch gute Nachrichten aufmuntern konnte.

Endlich, am 17. September 1813, wurde der Sieg der verbündeten Truppen über die Franzosen in der Gördeschlacht gemeldet, die am Tage zuvor stattgefunden hatte. Die Franzosen mussten sich aus Lüneburg zurückziehen, und am 18. September rückte General v. Tettenborn mit Kosaken, von Lützowschen und von Reicheschen Jägern in Lüneburg ein. Noch hielt Johanna sich versteckt. Die Lage war für sie noch unübersichtlich, und die wechselnden Besatzungen hatten ihre Mutter Vorsicht gelehrt. Wer weiß, ob nicht nochmals eine französische Besatzung folgen würde, und dann durfte Johannas Aufenthalt nicht bekannt sein. Sie würde sicher nicht noch einmal nach Natendorf fliehen können. Das Ende der Isolation in der Dachstube war also immer noch nicht absehbar.

Doch es vergingen nur zwei Tage, bis Sophie Stegen voller Erregung in ihr Haus trat. Es war etwas Unglaubliches geschehen: General von Tettenborn hatte nach Johanna forschen lassen, um sie als Ehrengast zu einer offenen Tafel am 22. September einzuladen. „Jetzt kannst Du Dich zu erkennen geben, jetzt wirst Du Schutz haben“, jubelte die Mutter und lief mit ihrer Tochter zum Rathaus, damit sie sich dort zu erkennen gebe. Sie erhielt die Einladung des Generals und erschien am 22. September abends zur Tafel.

General von Tettenborn würdigte Johannas Mut und klare Übersicht, als sie den Preußen und Kosaken am 2. April die Patronen aus einem havarierten Munitionswagen zugetragen und damit den Sieg über die Franzosen unter General Morand erst ermöglicht hatte.

Nun, von dieser Heldentat Johannas hatten alle schon gehört. Was aber jetzt die Gemüter – auch der erfahrensten Soldaten – bewegte, war die Frage: Wie konnte es überhaupt dazu kommen, dass ausgerechnet eine junge Frau, die sich doch vom Kampfe fernhalten sollte, auf den rettenden Gedanken gekommen war, Patronen aus einem umgekippten Karren zu beschaffen, und diese Idee dann auch noch unter Lebensgefahr ins Werk gesetzt hatte? So war die Spannung groß, als Johanna den Offizieren über den 2. April 1813 berichtete:

„Als morgens die Sturmglocken in Lüneburg läuteten, fand ich zusammen mit meiner Mutter Zuflucht im Kellergewölbe des Kaufmanns Köllmann in der Neuetorstraße“, begann Johanna. „Sobald der Gefechtslärm nachließ“, fuhr sie fort, „verließ ich den Keller und sah durch ein Fenster, wie Kosaken bei der Verfolgung fliehender Franzosen und Sachsen durch die Neuetorstraße sprengten. Das schien mir ein Zeichen des Sieges. Endlich ein Sieg! Welch eine Freude! Ich nahm einen Krug Branntwein und zwei Becher, ging auf die Straße und schenkte nachrückenden Kosaken ein, als sie auf der Höhe des Hauses Köllmann angekommen waren. Überall in allen Gesichtern Freude und Jubel.

Nachdem die letzten Kosaken in Richtung Neues Tor weiter geritten waren, brachte ich den restlichen Branntwein zurück, blieb jedoch nicht in Köllmanns Haus. Von Begeisterung hingerissen und von Neugier getrieben, ging ich auf den nahen Kalkberg, um aus der Vogelperspektive die Bestätigung zu finden, dass es tatsächlich ein Sieg war. Auf dem Weg zum Aufgang des Kalkberges sah ich, wie zwei Männer sich an Fässern zu schaffen machten, die von einem Karren gekippt waren und in einem Graben nahe dem Michaeliskloster lagen. Zum Verdruss der beiden enthielten die Fässer nur Patronen und waren für sie wertlos. Unter Flüchen zogen sie weiter, um an anderer Stelle nach brauchbarer Beute zu suchen.

Auf dem Kalkberg angekommen sah ich den Veteranen Langermann, der mit seinem Fernrohr die Schlacht verfolgt hatte. ‚Die unseren haben gesiegt', begrüße ich ihn. Der Veteran aber dämpfte meine Begeisterung und gab mir zu verstehen, dass es noch nicht so weit sei. Er ließ mich durch sein Fernrohr sehen, wie französische und sächsische Truppen sich unweit des Neuen Tores, Richtung Reppenstedt, wieder sammelten. Er erklärte mir, dass diese Streitmacht ohne Zweifel erheblich größer sei als die preußischen und russischen Verbände, die er bisher ausmachen konnte. Außerdem fürchte er, dass die Verteidiger kaum noch Patronen hätten. Sie hätten in der letzten Phase der bisherigen Gefechte schon auffallend früh mit dem Bajonett gekämpft, aber wohl noch Glück gehabt, dass die Formationen des Feindes sich bereits in Auflösung befanden. Das war also noch keineswegs ein ausgemachter Sieg. Offenbar war zu erwarten, dass die Franzosen noch einige Zeit brauchen würden, um sich auf einen baldigen Angriff auf das Neue Tor vorzubereiten. Wir hatten also keinen Grund unseren jetzigen Standort rasch zu verlassen.

So fand Langermann noch die Zeit, mir zu schildern, was er in den vergangenen zwei Stunden von hier oben beobachtet hatte, und zur Veranschaulichung gab er mir von Zeit zu Zeit sein Fernrohr, damit ich die Stellen sehen konnte, die er jeweils erwähnte. Die französischen Besatzer, die tags zuvor noch ohne Gegenwehr die Stadt eingenommen hatten, so meinte der Veteran, waren wohl recht sorglos gewesen. Als die ersten Angreifer – vermutlich Kosakenregimenter – vor dem Sülztor erschienen, hatte Morand ihnen starke Kräfte entgegengeschickt und nur schwache Kräfte am Altenbrücker und Lüner Tor belassen. Hätte er Kundschafter auf einen Turm geschickt, so hätten die ihm sagen können, dass in zwei Wellen verbündete Infanterie, Jäger, Kosaken sowie Artillerie mit Kanonen aus Richtung Dahlenburg auf diese beiden Tore zumarschierten. Als diese dort ankamen, trafen sie auf eine ziemlich schwache Verteidigung. Die dort verbliebenen französischen Truppen waren auf einen raschen Hauptangriff an den Osttoren nicht eingestellt und konnten sich auch nicht schnell genug innerhalb der Stadt neu formieren. Die verbündeten Truppen kämpften verbissen an den beiden Osttoren und konnten diese bereits nach etwa zwei Stunden nehmen. Sie verfolgten dann Franzosen und Sachsen, die in großer Zahl Richtung Neues Tor durch die Stadt flohen, zu einem nicht unerheblichen Teil aber auch in die Seitenstraßen abgedrängt wurden.

Aus den Seitenstraßen gab es jedoch in der Verwirrung der Flucht für viele Franzosen kein Entkommen, so hatte der Veteran beobachtet. Deshalb machten die Preußen und Russen sehr viele Gefangene. Die Taktik der Preußen und Russen war also aufgegangen, schloss der Veteran. Das munterte mich wieder auf. Die andauernden Siege der Franzosen hatten uns in der Vergangenheit zermürbt. Und jetzt vernahm ich die Einzelheiten eines Gefechts, das zugunsten der Preußen und Russen ausgegangen war, ein erster Sieg. Das ließ mich wieder hoffen, und alle meine Gedanken kreisten um unsere Befreiung. Warum sollte nicht auch der heute noch zu erwartende Angriff der Franzosen auf das Neue Tor zurückgeschlagen werden?

Als ich schließlich den Kalkberg hinunterging und nach links in die Neuetorstraße einbog, wurde ich plötzlich aus meinen Gedanken gerissen. Dort machte sich in der Nähe des Henseschen Hauses, das meine Mutter und ich hüteten, der alte Wilhelm Schild, den ich aus der Nachbarschaft kannte, an einem verlassenen Patronenwagen zu schaffen. Wie bereits zuvor die beiden unbekannten Männer wusste auch er nichts mit der Munition anzufangen.

Es durchzuckte mich wie ein Blitz. Ich brauchte nur noch eins und eins zusammenzuzählen, um mir vorzustellen, was sich vermutlich in Kürze abspielen würde: Den Preußen und Kosaken würde bei der zu erwartenden Verteidigung des Neuen Tores die Munition ausgehen. Das hatte Langermann vorausgesehen. Diesem absehbaren Munitionsmangel konnte aber durch die Patronenfässer nahe dem Michaeliskloster abgeholfen werden, solange die Preußen und Kosaken beim Kampf eine Linie zwischen Neuem Tor und wenigen Metern vor dem Aufgang zum Kalkberg halten konnten. Um diesen vielleicht rettenden Patronenvorrat zu mehren, füllte ich Patronen von dem Fund des alten Schild in meine Schürze und brachte sie zu dem Vorrat nahe am Michaeliskloster. Einige Male konnte ich hin und her laufen und den großen Vorrat aufstocken. Beim letzten Weg zu diesem Vorrat lief ich den Preußen in die Arme, die mit gefälltem Bajonett zur Verteidigung des Neuen Tores anrückten. Der kommandierende Offizier sah, dass ich in meiner Schürze Patronen trug. Ich erklärte ihm, dass noch eine größere Menge Patronen nahe dem Michaeliskloster liegen. ‚Die Rettung', rief der Offizier".

„So war es!" meldete sich der bei Tisch sitzende Offizier. Beifall brandete auf, und General von Tettenborn erhob das Glas auf die Heldin von Lüneburg. „Nun aber berichte weiter", forderte von Tettenborn Johanna auf, und sie fuhr fort: „Ich lief nun ständig zwischen dem großen Munitionsvorrat am Michaeliskloster und unseren Truppen hin und her und versorgte sie mit Patronen aus meiner Schürze. Der Vorrat reichte. Franzosen und Sachsen wurden geschlagen".

Die Offiziere ließen Johanna hoch leben. Dann fragte sie General von Tettenborn: „Darf ich noch von einem Kosaken erzählen, der mir das Leben gerettet hat"? „Wir hören gespannt zu", antwortete der General, und Johanna erzählte weiter: „Als ich einmal beim Schleppen der Munition nahe an die Gefechtslinie gekommen war, ritt ein sächsischer Offizier mit gezogenem Säbel auf mich zu, um mich zu töten. Ein Kosak erkannte das. Er ritt mutig und ohne Rücksicht auf sein eigenes Leben auf den Sachsen zu. Dank seiner größeren Behändigkeit gewann er den Reiterkampf. Der Sachse fiel vom Pferd. Wer den Kosaken treffen sollte, grüße ihn von mir mit herzlichem Dank."

Dann fügte Johanna noch an: „Natürlich waren wir in Lüneburg alle traurig und verzweifelt, als unsere Truppen wieder abgezogen waren. Aber das Elend der Franzosenherrschaft wird ja jetzt wohl zu Ende gehen, und wir wollen dankbar sein, wenn es so weit ist.“ „Nach unserem Sieg in der Görde werden die Franzosen nicht nach Lüneburg zurückkommen können“, erwiderte General von Tettenborn. „Sie haben in Norddeutschland nicht mehr genug Truppen. Zwar hält Davout noch das zur Festung ausgebaute Hamburg. Aber seine Kräfte reichen nicht mehr für einen Ausfall mit der Besetzung Lüneburgs.“

Johanna fühlte nach diesen Worten des Generals mehr als je zuvor, dass ihr Einsatz und ihre Leiden auf der Flucht und im Versteck einen Sinn gehabt hatten. Die Anerkennung verlieh ihr neue Kraft. Sogleich riss sie jedoch ein Offizier aus ihrer Besinnlichkeit, als er bemerkte: „Und nach der Schlacht bist Du auf den Marktplatz gegangen und hast mit allen gefeiert?“ Johanna sah den Offizier ernst an. Da viele Augen auf Johanna gerichtet waren, fingen sie diesen Blick auf. Sofort herrschte Ruhe am Tisch. Johanna brach die Stille und sagte: „Nein, nachdem ich zum letzten Mal Patronen herangeschafft hatte, fiel ein Jäger aus dem von Reicheschen Regiment verwundet vor meinen Augen nieder. Ich sah in sein Gesicht, ich sah Schmerz und Verzweiflung. Ich sah in Augen, die den Tod erwarteten. Zum letzten Male an diesem Tag nahm ich alle meine Kräfte zusammen, verband seine Wunde notdürftig mit meinem Halstuch, half ihm auf seinem gesunden Bein zu stehen, stützte ihn auf der anderen Seite, schleppte und schob ihn so in das Buchheistersche Haus auf der anderen Seite der Straße. Dann ging ich zu meiner Mutter, brach zusammen und weinte. Gebe Gott, dass der arme Jäger noch lebt.“

Es herrschte tiefes Schweigen. Alle spürten, was sie ansonsten unterdrückten und verdrängten, dass sie nämlich ständig dem Tod sehr nahe waren. Eine ausgelassene Feierstimmung kam an dem Abend nicht mehr auf. Aber ein wenig Besinnung in dieser grausamen Zeit schien auch den meisten Offizieren willkommen, obwohl alle wussten: Solange der Krieg mit seiner Brutalität weitergeht, werden sie alle die Angst vor dem Tod und den Anblick des Leidens mit Branntwein, Spielen, Härte, Prahlen und Zerstreuungen aller Art übertönen. Daran, dass diese Lebensweise viele Seelen zerstört – wenn sie zur Gewohnheit wird –, dachte kaum einer. Dieses Elend trat stets erst nach den Kriegen in voller Klarheit hervor, wenn sich viele Veteranen nicht mehr im zivilen Leben zurecht fanden.

3. Kapitel: In Sicherheit

An der Tafel des Generals von Tettenborn war auch der preußische Major von Reiche zugegen. Zu dessen Regiment gehörte der unbekannte verwundete Jäger, den Johanna gegen Ende des Gefechts am 2. April versorgt und der Obhut der Familie Buchheister anvertraut hatte. Das von Reichesche Regiment bestand ausschließlich aus Freiwilligen. Solch eine Truppe wurde – anders als Söldnerregimenter – nicht durch die blanke Macht und Gewalt der Offiziere zusammengehalten. Die Freiwilligen kämpften aus Überzeugung für die Befreiung ihres Vaterlandes. Fahnenflucht war in diesen Regimentern kein Problem. Offiziere und Mannschaften waren in diesen Verbänden im Geist geeint. Das ließ für Offiziere mit Charakter auch Raum, sich in ihrem Verhalten gegenüber den Mannschaften nicht nur von den brutalen Regeln des Krieges leiten zu lassen. Ein Truppenführer eines Freiwilligenverbandes konnte menschlichen Regungen zur Fürsorge und Rücksichtnahme nachgeben, ohne die Untergrabung seiner Autorität fürchten zu müssen.

Major von Reiche war solch ein Truppenführer. Seine Gedanken und Sorgen kreisten nicht weniger um das Schicksal seiner Jäger als um den Erfolg im Gefecht. Ein erschossener oder verwundeter Jäger war für ihn nicht nur eine Lücke im Regiment, er war auch ein Schicksal. Er sah auch die Schmerzen der Verwundeten, das Elend der Invaliden und die Verzweiflung der Hinterbliebenen. Als Johanna am Abend des 22. September erzählte, wie ihr der Anblick des verwundeten Jägers nahe gegangen war, war der Major sehr nachdenklich geworden. Johanna und der verwundete Jäger beschäftigten ihn während des ganzen Abends. Sie ließen ihm auch an dem folgenden Tag keine Ruhe. Von Reiche ließ nach dem Jäger suchen, den Johanna versorgt hatte. Dann schrieb er einen Brief an seine Frau in Berlin. Er erzählte von Johanna, ihrer Verfolgung durch die Franzosen und erbat die Zustimmung seiner Gattin, die Heldin von Lüneburg in ihrem Berliner Haus aufzunehmen, bis endgültig sicher sei, dass Napoleons Truppen hinter dem Rhein verschwinden würden. Zwar sei nach der jetzigen Lage nicht mehr damit zu rechnen, dass Lüneburg nochmals von feindlichen Truppen besetzt werde. Aber die Verbündeten würden wegen der Konzentration der Kräfte auf Magdeburg und Leipzig keine starke Garnison in Lüneburg zurücklassen, so dass letztlich auch eine erneute Besetzung Lüneburgs durch französische Truppen nicht auszuschließen sei.

Der Major erfuhr bald, dass es sich bei dem Jäger, den Johanna gerettet hatte, um den Feldwebel Wilhelm Hindersinn handelte, der nun in einem Lazarett untergebracht war. Von Reiche besuchte den Verwundeten dort. Er erzählte die Begebenheit an der Tafel des Generals von Tettenborn. Wilhelm Hindersinn zeigte dem Major das Halstuch, mit dem Johanna Stegen ihn verbunden hatte. Seine Verwundung sei weniger schwerwiegend gewesen, als er aufgrund der Schmerzen und des Blutverlustes zunächst vermutet hatte. Die Familie Buchheister habe sich mit viel Hingabe und Aufwand um ihn gekümmert. Sie habe sofort den Arzt gerufen, der auch die Familie gelegentlich behandelte, ihn einen Tag gepflegt und dann in das Lazarett gebracht, da der Arzt dies empfohlen hatte. Er stehe nun kurz vor der Entlassung und hoffe, wieder voll kampffähig zu sein. Er wolle sich dann wieder bei den von Reicheschen Jägern melden. Wilhelm Hindersinn bat den Major, Johanna auszurichten, wie unendlich dankbar er für ihre Hilfe sei. Ohne diese Hilfe wäre er vermutlich verblutet.

Als Frau von Reiche den Brief ihres Mannes las, zögerte sie nicht einen Augenblick, ihr Einverständnis zur Aufnahme Johannas in ihrem Haus mitzuteilen. Sie sei glücklich, wenn sie sich auf diese Weise für das Vaterland nützlich machen dürfe, schrieb sie. Johanna Stegen traf am 11. Oktober 1813 in Berlin ein. Sie wurde von einem Offizier des von Reicheschen Regiments begleitet. Frau von Reiche nahm sie herzlich auf. Ihre einfühlsame Sorge zeigte, dass es ihr als Patriotin ernst mit dem Anliegen war, der Heldin von Lüneburg ein Heim und eine Zuflucht vor Verfolgung zu geben.

Als Erstes erzählte die Majorsfrau Johanna, dass die verbündeten Truppen in der Schlacht bei Großbeeren Ende August die Franzosen zurückgedrängt und somit den Marsch napoleonischer Truppen auf Berlin verhindert hatten. Sie brauche sich also keine Sorgen zu machen, dass die Franzosen die Kontrolle über Berlin gewännen.

Die Zuwendung der Frau von Reiche und die Gewissheit, dass den Franzosen ein Marsch auf Berlin verstellt worden war, ließen Johanna aufblühen. Sie wurde auch nicht mehr von den Traumbildern aus der Zeit der Flucht und des Versteckens geplagt.

Allerdings hätte Johanna gern ihre Tage mit Arbeit gefüllt, wie sie es als Magd gewohnt war. Frau von Reiche achtete jedoch darauf, dass Johanna als der Heldin von Lüneburg der Status eines Gastes zukomme. Als die beiden Frauen eines Abends wieder zusammen saßen, fasste Johanna sich ein Herz. Sie erzählte über die Zeit nach dem Tod ihres Vaters, Peter Stegen, der Sülzvogt an der Lüneburger Saline war: „Als mein Vater starb, war die größte Sorge meiner Mutter, dass ich als ihr einziges verbliebenes Kind weiterhin die Garnisonsschule des Lehrers Kollmann besuchen konnte. Daneben lag ihr daran, dass sie unser kleines Haus in der Ritterstraße nicht verkaufen musste. Sie besserte ihre Rente durch gelegentliche Handarbeiten auf. Ich sah die Sorgen meiner Mutter, und als ich die Garnisonsschule abgeschlossen hatte, drängte ich darauf, auch zu unserem Lebensunterhalt beizusteuern. So trat ich als Hausmagd in die Dienste der verwitweten Zollverwaltersfrau Hense in der Neuetorstraße. Ich gehörte zur Familie und nahm auch an den Besuchen der Frau Hense in ihrer Verwandtschaft teil. Das Pastorenehepaar Kahle, bei dem ich später in Natendorf Zuflucht gefunden hatte, waren ihre Tochter und ihr Schwiegersohn. Die Arbeit im Haus gefiel mir und sorgte überdies für Kurzweil."

Jetzt sah Johanna ihre Gastgeberin an. Ihr Gesichtsausdruck war offen und Johanna spürte das Wohlwollen der Frau von Reiche nicht anders, als sie es bisher jeden Tag empfunden hatte. Das ermutigte sie fortzufahren: „Ich würde mich auch freuen, wenn ich in Ihrem Haushalt behilflich sein könnte, natürlich ohne Lohn. Dass ich jetzt viel lesen und schreiben kann, ist zwar schön, aber die Zeit ist doch so reichlich bemessen, dass ich sie gerne auch mit Hausarbeit ausfüllen möchte.“

Frau von Reiche sah ein, dass sie Johannas Bitte nachkommen musste, wenn sie ihr Glück wollte. Dennoch trieb sie einige Tage die Frage um, wie sie diesen Konventionsbruch rechtfertigen könnte. Sie dachte an die vielen Gespräche mit ihrem Mann, der sich stets für ein Überdenken überkommener Regeln und Traditionen einsetzte, damit nicht eine ganze Generation erstarre und der neuen Zeit verloren ginge. Als Beispiel für den Segen der Einführung neuer Konventionen und für die Auflockerung der Standesgrenzen hatte er ihr immer wieder von dem völlig neuen Umgang der Offiziere und Mannschaften in den neuen Freiwilligenregimentern berichtet. Es trenne ihn in seinem Regiment nichts von seinen vaterländischen Gesinnungsgenossen in den Mannschaften. Sie fühlten sich alle als Soldaten im Kampf für das Vaterland verbunden. Die Arbeitsteilung zwischen Offizieren und Mannschaften werde nicht als Standesbarriere wahrgenommen.

So arbeitete Johanna fortan im Haushalt der Frau von Reiche, erhielt keinen Lohn, wurde aber an Feiertagen großzügig beschenkt, so dass es ihr an nichts fehlte. Sie gehörte zur Familie und nahm an deren Gesellschaften, Besuchen und Reisen teil. Dabei entwickelte sie ihre geistigen Interessen und Fähigkeiten, wie es ihr seit Verlassen der Garnisonsschule nicht mehr möglich gewesen war.

Schon kurz nach Johannas Ankunft in Berlin durften sich alle deutschen Patrioten über eine Siegesnachricht freuen. Die verbündeten Russen, Preußen, Österreicher und Schweden hatten in mehreren Schlachten bei Leipzig vom 16. bis 19. Oktober 1813 die napoleonische Armee entscheidend geschlagen. Noch kurz vor den Schlachten hatten die Bayern und während der Schlachten die Sachsen die Seiten gewechselt. Die übrigen mit Napoleon verbündeten deutschen Staaten verließen das Bündnis nach den Schlachten, und Napoleon musste sich mit dem Rest seiner französischen Armee nach Frankreich zurückziehen. Wie bald bekannt wurde, hatte der österreichische Kanzler, Fürst Metternich, Napoleon einen

Frieden unter milden Umständen angeboten, der Frankreich seine natürlichen Grenzen garantierte. Doch selbst im Angesicht der sich häufenden Niederlagen – Rückzug aus Russland, Niederlage bei Vittoria mit Vertreibung aus Spanien sowie der Niederlage bei Leipzig – lehnte Napoleon dieses Angebot ab. Auch der Zerfall seines Rheinbundes, brachte ihn nicht zur Besinnung. Es hatte den Anschein, dass der Despot nur noch aus Machtwillen und Selbstüberschätzung bestand. Der Krieg dauerte also an, und das Sterben auf den Schlachtfeldern ging weiter, weil Napoleon keinen Frieden wollte. Er zwang dem restlichen Europa weiterhin seinen Willen auf.

Etwa achtzigtausend französische Garnisonskräfte hielten noch deutsche Festungen besetzt, z.B. Hamburg und Torgau. Diese feindlichen Festungen im eigenen Land banden einen Teil der verbündeten Truppen. Die aktuell größte Herausforderung für die kampfgeschwächten antinapoleonischen Heeresverbände aber war die rasche Verfolgung der französischen Armee nach Frankreich hinein.

In dieser militärischen Situation dauerte es einige Zeit, bis Hunderttausende von Familien Gewissheit über das Schicksal ihrer Männer, Väter und Söhne hatten, die an den Schlachten bei Leipzig teilgenommen hatten. So wartete auch Frau von Reiche in Ungewissheit auf ein Lebenszeichen ihres Mannes. Sie war reizbar, wie Johanna es zuvor nie an ihr beobachtet hatte. Die abendlichen Gespräche mit Johanna gaben ihr jedoch ein wenig Trost und Halt. Johannas Erzählungen über die Schlacht um Lüneburg, ihre Flucht und Verfolgung atmeten den Geist von Mut und Zuversicht, und das steckte die Majorsfrau immer wieder an. Sie gab nicht die Hoffnung auf, dass ihr Mann unversehrt zurückkehren würde. Johanna war zu einer Frau gereift, die, durch eigenes Erleben geprägt, die Leiden der Frau von Reiche verstand und sie immer wieder aufrichten konnte. Frau von Reiche hatte das Empfinden, dass Johanna und sie gemeinsam litten und hofften.

Endlich traf ein Brief des Majors von Reiche in Berlin ein. Er hatte die Schlachten bei Leipzig unverletzt überstanden. Für das Erste würde er jedoch nicht nach Berlin kommen können; denn die Verfolgung der französischen Armee nach Frankreich hinein müsse rasch organisiert werden. Es sei anzunehmen, dass Napoleon – wie bereits nach der Flucht aus Russland – versuchen würde, wieder eine neue französische Armee durch Rekrutierungen aus dem Boden zu stampfen. Wenn er dabei nicht durch Verfolgung gestört würde, wäre absehbar, dass er wieder zu großer militärischer Stärke gelangen würde. Zur Verwunderung fast aller preußischen Offiziere sei der Rückhalt Napoleons unter seinen Marschällen, im Senat in Paris, der neue Rekrutierungen genehmigen musste, und selbst in der Pariser Bevölkerung nach den Geheimberichten weiterhin ungebrochen. Also deute zurzeit nichts darauf hin, dass Napoleon Vernunft annähme und den Verbündeten eine weitere Runde im Krieg erspart bliebe. Die von Reicheschen Jäger würden vermutlich in den preußisch-russischen Truppenteil „Garden und Grenadiere“ unter General Barclay de Tolly eingegliedert werden und an der Verfolgung der Verbände Napoleons teilnehmen.

Diese neue Herausforderung bestimmte die nächsten Wochen und Monate im Leben des Majors von Reiche. Daran gab es keinen Zweifel. Zwischen den Zeilen des Briefes lasen Frau von Reiche und Johanna aber die Verzweiflung des Majors über das erneute Gemetzel, das der Despot den Verbündeten vermutlich aufzwingen würde, weil er einfach aus den Maßstäben seiner Parallelwelt aus Ruhm, Ehre und Macht nicht in die Realität hinabsteigen wollte, die ihm unübersehbar Mäßigung abverlangte, wenn er nicht die vollständige Niederlage wollte; nicht nur die vollständige Niederlage seiner Armee, sondern auch die Frankreichs.

Zu Beginn des Jahres 1814 musste Johanna für einige Wochen das Bett hüten. Sie hatte Fieber und zunächst auch blutigen Auswurf. Frau von Reiche war sehr besorgt, da der behandelnde Arzt Dr. von Könen bei diesen Symptomen eine lebensbedrohliche Erkrankung nicht ausschließen konnte. Frau von Reiche kämpfte mit all ihren Kräften für Johannas Gesundheit. Sie verwandte alle Sorgfalt auf die genaueste Beachtung der ärztlichen Anordnungen, vor allem aber pflegte sie Johanna abwechselnd mit einer Magd so aufopfernd und liebevoll, wie sie es auch bei ihrem Sohn während seiner Erkrankungen im Kindesalter getan hatte. Aus dieser Zeit brachte sie das Empfinden mit, wie wichtig für die Genesung junger Menschen das Gefühl der Geborgenheit und Zuneigung ist. Und Frau von Reiche schenkte Johanna viel Zuneigung. Sie saß oft stundenlang an ihrem Bett und hörte zu, wenn Johanna aus ihren Kindertagen oder auch aus der Zeit in Natendorf sowie aus der Zeit des Wartens auf den Abzug der Franzosen aus Lüneburg erzählte. Manchmal gingen diese Erzählungen in fiebrige Fantasien über. Und wenn Johanna nach dem Erwachen aus einem Fiebertraum wahrnahm, dass Frau von Reiche oder die Magd an ihrem Bett saß, gab ihr das ein Gefühl der Geborgenheit.

Sobald Johannas Befinden sich besserte, berichtete Frau von Reiche ihr auch über die neuen militärischen Entwicklungen sowie die Neuigkeiten aus den Briefen ihres Mannes. Es waren vorwiegend beruhigende Nachrichten, welche die Patientin spürbar aufmunterten:

Ende 1813 hatten sich die bei Leipzig geschlagenen napoleonischen Truppen hinter den Rhein zurückziehen müssen. Außer den in Festungen eingeschlossenen französischen Kontingenten standen also keine französischen Truppen mehr diesseits des Rheins. Anfang 1814 überschritten verbündete Heeresgruppen den Rhein nach Frankreich und gleich im Januar errangen Württembergische Truppen, die jetzt auf der Seite der Verbündeten kämpften, bei Epinal an der Mosel einen entscheidenden Sieg über die Franzosen. Es folgte der Vorstoß auf Paris, das von der antinapoleonischen Allianz am 31. März besetzt wurde.

Napoleon wollte immer noch nicht einlenken und versammelte seine Marschälle am 4. April in Fontainebleau, um seine Pläne eines Angriffs auf das von den Verbündeten besetzte Paris darzulegen. Da geschah das bisher Unvorstellbare: Die Marschälle weigerten sich, und der ihm sonst treu ergebene Marschall Ney musste

Napoleon die vollkommen veränderte politische und militärische Lage klar machen. Napoleon dankte daraufhin zu Gunsten seines Sohnes ab. Das wurde von den Verbündeten abgelehnt, so dass Napoleon am 11. April 1814 bedingungslos verzichtete. Es wurde Frieden geschlossen. Die Bourbonenherrschaft wurde wieder errichtet. Ludwig XVIII. bestieg nach dem Willen der Verbündeten den französischen Königsthron. Napoleon unternahm nach seiner Abdankung einen Suizidversuch mit Gift, das jedoch nicht wirkte. Dies war bezeichnend für seinen Charakter. Seine Alternative war Herrschaft oder Tod, ein Leitbild, das in seinen schrecklichen Konsequenzen große Teile von Europa zerstört hatte. Die Verbündeten nahmen dagegen darauf Rücksicht, dass die Behandlung eines ehemaligen Herrschers auch Wirkungen auf zukünftige Handlungsweisen anderer Herrscher hat. Sollten diese nicht unberechenbar werden, so war vernünftige Rücksichtnahme auf einen abgedankten Herrscher angezeigt. Deshalb wurde Napoleon als formal souveräner Herrscher auf die Mittelmeerinsel Elba verbannt.

Nicht weniger rücksichtslos als Napoleon und offensichtlich auch dem Gedanken an eine Kampfführung bis zur Vernichtung verhaftet, war dessen General Davout, der seit Juni 1813 die Festung Hamburg mit etwa fünfundzwanzigtausend Soldaten besetzt hielt. Statt nach den verlorenen Schlachten bei Leipzig im Oktober 1813, spätestens aber nach dem Rückzug der französischen Hauptmacht hinter den Rhein Ende 1813 Hamburg zu räumen, hielt er an der Besetzung fest und drangsalierte die Hamburger Bevölkerung. Als Gipfel seiner Brutalität gilt die Ausweisung von etwa zehntausend Armen aus der Stadt zu Weihnachten 1813, weil sie für den Winter nicht genügend Proviant nachweisen konnten. Diejenigen Vertriebenen, die außerhalb von Hamburg keine Aufnahme fanden, mussten verhungern oder erfrieren.

Erst als Davout die Nachricht von der Verbannung Napoleons nach Elba erhielt, bequemte er sich, am 28. Mai 1814 Hamburg mit seiner Heeresmacht zu verlassen. Die Nachricht vom Abzug Davouts erleichterte Johanna ganz besonders. War doch damit ihre Heimatstadt Lüneburg endgültig vor einer neuen französischen Besatzung sicher, deren Bedrängnisse sie am eigenen Leibe erlebt hatte.

Es trafen regelmäßig Briefe des Majors von Reiche in Berlin ein. Sie spiegelten die militärische Lage wider und ergänzten für Frau von Reiche die Berichte, die sie aus der Zeitung entnehmen konnte. Vor allem aber war ihrem Mann bis zur Besetzung von Paris nichts zugestoßen.

Inzwischen war auch der freiwillige Jäger Wilhelm Hindersinn, den Johanna in Lüneburg gerettet hatte, wieder mit dem Major zusammengetroffen. Nachdem seine Verwundung ausgeheilt war, erfreute Wilhelm sich guter Gesundheit. Er bat darum, seine Retterin zu grüßen und sie seiner aufrichtigen Dankbarkeit zu versichern.

Nun waren beide, Major von Reiche und Wilhelm Hindersinn, in Paris stationiert und hatten recht viel Zeit zur freien Verfügung. Diese nutzten beide gemeinsam, um die technischen und künstlerischen Möglichkeiten des Steindrucks zu erkunden, der zu der Zeit in Paris Verbreitung fand. Dabei war das zeichnerische Talent von Wilhelm Hindersinn ganz besonders nützlich. Dieses moderne Steindruckverfahren – so war ihre Idee – wollten sie nach endgültiger Rückkehr in die Heimat verwerten. Daran arbeiteten beide mit großem Fleiß und Interesse.

Major von Reiche stellte nicht einen Augenblick den Vorrang seiner Pflichten als Offizier gegenüber seinen persönlichen Belangen in Frage. Doch war seine Stimmung durch die lange Trennung von seiner Familie zusehends getrübt. Gern wäre er nach Berlin gereist. Diese Reise hätte jedoch eine so lange Abwesenheit von Paris erfordert, dass er erst gar nicht in die konkrete Planung einer solchen Fahrt eintrat. Er versuchte vielmehr, sich mit seiner Familie in der Nähe von Kleve zu treffen. Zu diesem Zwecke schrieb er einen Brief an seinen Schwager, Karl von Rodenberg, der das Gut Germenseel bei Kleve bewirtschaftete, mit der Frage, ob Frau von Reiche mit Begleitung während der Sommermonate auf Gut Germenseel Aufnahme finden könnte, so dass er die Möglichkeit hätte, seine Familie dort von Paris aus zu besuchen. Karl von Rodenberg sandte sehr rasch eine herzliche Einladung an die Familie von Reiche und Anhang, den Sommer auf seinem Gut zu verbringen.

Und so reisten Frau von Reiche, ihr Sohn und Johanna im Sommer 1814 nach Gut Germenseel. Das war eine alte Burganlage in Kleyen, jeweils zwei Meilen von der mit Mauern befestigten Stadt Kranenburg und dem unbefestigten Kirchdorf Zyfflich entfernt. Die Burg lag im Marschland des Niederrheins. Die Sicht reichte bis zum Horizont – ausgenommen in westlicher Richtung –, wo sich der Wyler Berg, eine Stauchmoräne aus der Eiszeit, erhob. Am Fuße dieses Berges erstreckte sich ein schmaler, langgestreckter See, das Wyler Meer.

Frau von Reiche und Begleitung wurden auf Gut Germenseel herzlich aufgenommen. Sie warteten nun darauf, dass Major von Reiche Gelegenheit fände, sie von Paris aus zu besuchen. Groß war dann die Freude, als wenige Tage später nicht nur Major von Reiche, sondern auch Wilhelm Hindersinn in Germenseel vor der Tür des Gutshauses standen.

Karl von Rodenberg richtete zwei Tage später eine Begrüßungsfeier aus. Neben den Ehepaaren von Rodenberg und von Reiche waren Pastor Neumann von der kleinen evangelischen Kirchengemeinde Kranenburg, Lehrer Wessels aus Zyfflich, Johanna Stegen und Wilhelm Hindersinn erschienen. Es war eine Begegnung der Patrioten. Im Mittelpunkt standen Johanna Stegen und Wilhelm Hindersinn als Helden aus der Schlacht um Lüneburg, der als erster Sieg der verbündeten Truppen über die Franzosen nach dem Russlandfeldzug eine größere Bedeutung zukam, als es die kurze Dauer der Befreiung Lüneburgs vermuten ließ.

Johanna Stegen und Wilhelm Hindersinn sowie Major von Reiche berichteten ausführlich über den 2. April 1813 in Lüneburg. Sie vermittelten den Anwesenden große Zuversicht, verkörperten sie doch den Sieg von Mut, Tapferkeit und Geduld über die Verzweiflung und die Niedergeschlagenheit, die sich nach vielen Siegen Napoleons in der Armee und der Bevölkerung ausgebreitet hatten.

Nach einigen Stunden lebhafter Gespräche fasste Karl von Rodenberg zusammen, dass ihnen allen nach der Verbannung Napoleons auf Elba ein Aufbruch in eine neue Zeit bevorstünde. Dies wolle er zum Anlass nehmen, alle Anwesenden für den nächsten Sonntagnachmittag wieder auf Gut Germenseel einzuladen, um über die Entwicklungen der vergangenen Jahre und ihre Bedeutung für die Zukunft zu sprechen. Die Anwesenden nahmen diese Einladung mit Freude und Beifall auf. Der Gesprächskreis „Gut Germenseel“ war ins Leben gerufen. Anders als nach so mancher Gesellschaft der vergangenen Jahre trennten sich die Gäste in heiterer Stimmung und sahen dem kommenden Sonntag mit Erwartung entgegen.

4. Kapitel: Habe den Mut, deinen eigenen Verstand zu gebrauchen

Der Einladung Karl von Rodenbergs folgend trafen sich am nächsten Sonntagnachmittag in der kleinen, erfrischend kühlen Halle des Hauptgebäudes von Gut Germenseel, mit dem Hausherrn und seiner Gattin: Major von Reiche, Frau von Reiche, Pastor Neumann, Lehrer Wessels, Wilhelm Hindersinn und Johanna Stegen. Der Hausherr konnte mit einiger Mühe sein Erscheinen trotz der Erntezeit einrichten, und Pastor Neumann hatte seine morgendlichen Sonntagspflichten bereits erfüllt.

Bald stellte sich heraus, dass es ähnliche Diskussionsrunden schon an manchen Orten gab, dass deren Aktivitäten wegen der herrschenden politischen Bedingungen jedoch im Verborgenen stattfanden. So berichtete Major von Reiche, dass bereits in der Zeit, als er noch in Berlin stationiert war, Friedrich Ludwig Jahn, Oberkonsistorialrat Nolte, Staatsrat Friedrich August von Stägemann und er häufig die Probleme der künftigen Entwicklung Preußens erörtert hätten, da nach der französischen Revolution den Beteiligten klar war, dass weder Militär, noch Verwaltung, noch Schulwesen, noch die politischen Strukturen in Preußen und darüber hinaus in ganz Deutschland dauerhaft bleiben konnten, wie sie waren.

Pastor Neumann und Lehrer Wessels waren Mitglieder einer örtlichen Gesprächsrunde, an der einige Lehrer, ein Apotheker, ein Händler sowie ein katholischer Priester aus Kranenburg teilnahmen. Es ging vor allem darum, dass in dem ganz überwiegend katholischen Landstrich katholische und evangelische Christen gemeinsam den vielen Kriegsopfern, den Invaliden, Witwen und Waisen, den Deserteuren, den von eigenen Leuten Denunzierten und den von Napoleons Polizei Gejagten halfen, sich aber vor allem bei dieser Hilfe nicht gegenseitig im Wege standen. Das ging nur, wenn man regelmäßig miteinander redete. Dabei blieb es nicht aus, dass die Beteiligten ihren Blick auch auf die neue nationale Bewegung richteten, die sich mittlerweile in den Freiwilligenverbänden manifestierte. Über die Grenzen von Stand, Konfession und Landsmannschaft hinaus entwickelte sich das Bewusstsein eines gemeinsamen deutschen Vaterlandes.

Wilhelm Hindersinn schließlich erzählte, dass er und einige Offiziere aus dem von Reicheschen Jägerkorps während der letzten Wochen in Paris Kontakt zu einem französischen Offiziersveteranen gehabt hätten, der von 1778 bis 1781 auf der Seite der Amerikaner am dortigen Unabhängigkeitskrieg teilgenommen hatte. Dieser habe eine tiefe Kenntnis der politischen und gesellschaftlichen Verhältnisse in Frankreich und in den Vereinigten Staaten von Amerika gehabt und sähe auch für Europa in nächster Zeit noch große Umwälzungen voraus. Die neue Zeit ließe sich wohl kaum noch aufhalten.

Frau von Rodenberg hatte die Sitzordnung an der Teetafel so arrangiert, dass sich die Gesprächsbeteiligung unauffällig beeinflussen ließ. Sie hatte es in dieser Kunst zu einer gewissen Perfektion gebracht. Wusste sie doch, dass sich Harmonie unter Gästen stets einfacher erhalten lässt, wenn statt formaler Gesprächsstrukturen ein liebenswürdiger, aber bestimmter Blick genutzt wird, um einen Gast zur Wortmeldung zu ermuntern, ihm zu bedeuten, dass hierzu ein anderer noch etwas zu sagen hätte oder aber ihn durch ein beiläufiges Stichwort möglichst auf einen etwas anderen Pfad zu lenken. Ihr Mann saß mit Frau von Rodenberg zusammen an einem Ende des Tisches. So sah jeder, dass erwartet wurde, dass der Hausherr als Leiter der Gesprächsrunde akzeptiert werden möge. Dem Ehepaar von Rodenberg gegenüber am anderen Tischende saß Pastor Neumann, zu seiner Linken Lehrer Wessels. In der Mitte der linken Tischseite saßen Major von Reiche und seine Frau und ihnen gegenüber Wilhelm Hindersinn und Johanna Stegen. So konnte Karl von Rodenberg in seiner zurückhaltenden Art den Gesprächsfluss sanft in die eine oder die andere Richtung lenken. Er konnte Pastor Neumann, ohne es sagen zu müssen, in die Gesprächsführung einbeziehen. Und da Frau von Rodenberg vermutete, Wilhelm Hindersinn und Johanna würden nicht genügend Mut für eigene Beiträge finden, hatte sie dafür gesorgt, dass sie sich durch einen unauffälligen fragenden Blick bei ihrem Gegenüber, dem Major, vergewissern konnten.

Nachdem die Gäste die Teetafel und den frischen Mirabellenkuchen gebührend gelobt und genossen hatten und die Plaudereien über die bereits vorhandenen Erfahrungen mit politischen Diskussionen abgeebbt waren, warf Karl von Rodenberg Pastor Neumann einen aufmunternden Blick zu, den dieser sofort als Aufforderung verstand, in das Thema einzuleiten.

Er versuchte sich in die Gedanken der Gäste zu versetzen und ahnte, dass diese als erstes das Bedürfnis hätten, über die Leiden der vergangenen Jahre zu sprechen. Deshalb erzählte er zunächst von den Proben, auf die sein Gottvertrauen während der französischen Besatzung gestellt worden sei: „Gottvertrauen", so begann er, „ hat uns allen in den letzten schweren Jahren geholfen. Aber ich bekenne frei, dass ich doch mitunter die eigene Verzweiflung am meisten gefürchtet hatte. Menschen waren der Willkür der Besatzung ausgeliefert, oder sie wussten nicht, wie sie satt werden sollten. Sie erwarteten von mir Hilfe. Ob diese Erwartung nun realistisch war oder nicht, war nicht zu beantworten. Die Menschen wussten es selbst. Aber sie hatten niemanden sonst, an den sie sich wenden konnten. Und ich konnte ihnen meistens auch nicht mehr geben, als ihnen zuzuhören. Dadurch verschwanden die Repressionen nicht aus ihrem täglichen Leben, und davon wurden sie nicht satt. Ich war ohnmächtig und oft deprimiert. Manches Mal war ich in Versuchung, Gott zum Schluss eines Tages anzuklagen."

Es herrschte einen Augenblick Stille. Dann sagte Major von Reiche: „Ich glaube, Johanna Stegen hat ganz besonders unter den Repressionen der Besatzer gelitten. Vielleicht kann sie diese persönlichen Nöte einmal schildern." Johanna hatte diese Aufforderung nicht erwartet, nahm aber sofort den aufmunternden Blick der Frau von Reiche wahr und ließ sich danach nicht nochmals bitten. „Zweimal war ich auf der Flucht vor französischen Gendarmen und bin ihnen einmal nur knapp entkommen", berichtete sie und fuhr fort: „Zweimal musste ich mich mehrere Wochen vor ihnen verstecken. Und es ist diese Zeit des Versteckens, die die Seele zerstören kann, das Gottvertrauen auf die Probe stellt. Und ist das Gottvertrauen erst einmal verloren, dann ist bald der eigene Wille gebrochen, und der Weg in den Freitod ist für manche der einzige Ausweg. Ich habe die dauernde seelische Bedrängnis in meinen Verstecken viel schlimmer empfunden als die Gefahren auf der Flucht selbst oder auch als die Gefahren in der Schlacht um Lüneburg. Auf der Flucht hatte ich wenigstens die Illusion ausweichen zu können, und in der Schlacht hatte ich das Gefühl, dass jeder unserer Jäger sich für mich opfern würde. In der Tat hat ja auch ein Kosak den Angriff eines sächsischen Offiziers auf mich unter Einsatz seines Lebens abgewehrt."

Major von Reiche nahm Johannas Schilderung auf und fügte an: "Wir Soldaten sind den napoleonischen Truppen in der Regel nur mit der Waffe in der Hand begegnet. Solange ich die Waffe in der Hand führe, fühle ich mich nicht ohnmächtig. Uns bleibt also meistens das zermürbende Gefühl der Ohnmacht erspart. Unser Selbstbewusstsein als preußische Soldaten war aber durch die endlosen napoleonischen Siege schwer beschädigt. Chronisten haben gezählt, dass Napoleon fast 60 Schlachten gewonnen hat. Unsere militärischen Leistungen litten gewiss auch an der Mutlosigkeit, die der napoleonischen Siegesserie geschuldet war. "

„Schlimmer ist die seelische Bedrängnis allerdings für die Kameraden, die ernsthaft verwundet oder sogar verkrüppelt wurden", fuhr Major von Reiche fort, und warf Wilhelm Hindersinn einen Blick zu. Dieser nahm den Hinweis auf und bestätigte: „In der Tat ändert sich sofort die Gemütslage des Soldaten, wenn er durch eine Verwundung außer Gefecht gesetzt wird. Er fühlt sich dann hilflos und ausgeliefert, ist also in einer ähnlichen Situation wie der Zivilist, welcher die Willkür des Besatzers spürt. Ich habe das gegen Ende der Schlacht um Lüneburg erlebt, als ich verwundet wurde und zusammenbrach. In den wenigen Augenblicken, bis Johanna zu mir kam und mich in das nahe Buchheistersche Haus brachte, war ich so einsam, trostlos und verlassen, wie noch nie zuvor in meinem Leben. Diese Augenblicke erschienen mir wie eine Ewigkeit, ich glaubte, der Tod hätte seine schwere Hand auf mein verwundetes Bein gelegt, das mir nicht mehr gehorchte“.

„Selbst die überlebten, hatten also oft einen schrecklichen Leidensweg hinter sich, und wir werden noch viele Jahre die Pflicht haben, uns um diese Menschen zu kümmern, wenn sie mit ihrer Seelennot nicht fertig werden“, resümierte Karl von Rodenberg unter dem beifälligen Nicken der Gäste. „Aber“, so fragte er weiter, „wie konnte es überhaupt zu dieser europäischen Katastrophe mit so unendlich viel Leid über eine Dauer von mehr als zwanzig Jahren kommen?“

Diese Frage griff Major von Reiche auf. „Das Ausmaß der europäischen Zerstörungen“, sagte er, „ist auf der einen Seite das Ergebnis der außergewöhnlichen persönlichen Fähigkeiten Napoleons, der Bewunderung, die ihm entgegengebracht wurde, seiner Machtfülle, der administrativen und organisatorischen Überlegenheit Frankreichs, der Ausschaltung offener Opposition durch die Geheimpolizei sowie einer großen Zahl von Profiteuren des Systems. Auf der anderen Seite“, so fuhr er fort, „spielte die innere und äußere Zerstrittenheit unter seinen Kriegsgegnern Napoleon in die Hand.

Die sich gegenseitig befehdenden Parteien an den europäischen Höfen sowie beim Militär – insbesondere in der russischen und österreichischen Armee – machten manche Siegeschance zunichte. Wenn es einmal gelang, Napoleon mit einer zahlenmäßigen Übermacht entgegenzutreten, behinderten sich die Fraktionen im eigenen Lager. Eine charismatische und organisatorisch begabte Persönlichkeit, die diesen Missständen auf Seiten der Verbündeten abhalf, gab es nicht. Sogar der selbstbewusste Zar Alexander von Russland hatte in dem zusammengekauften Offizierskorps seiner Armee und in der ständisch geprägten Verwaltung nie die Cliquenkämpfe in den Griff bekommen.“

Die Bewunderung Napoleons durch das französische Volk, aber auch durch deutsche Landsleute hatte Lehrer Wessels häufig geschmerzt, um nicht zu sagen, an den Rand der Verzweiflung getrieben. Er war sehr erregt, als Major von Reiche diesen Punkt angesprochen hatte und wandte sich an die Gesellschaft: „Ich habe mehrmals authentische Berichte über triumphale Reisen Napoleons durch das französische Land gehört. Es wurde erzählt, dass die Leute aus mehreren Meilen im Umkreis ihre Arbeit liegen ließen, um Napoleon zu sehen und ihm zuzujubeln, wenn sich herumgesprochen hatte, dass er mit der Kutsche durchfuhr. Jedes Mal, wenn ich in Kranenburg oder Kleve einen Transport mit Verwundeten sah, erinnerte ich mich an diese Erzählungen. Hass und Übelkeit stiegen in mir auf. Alle die Jubler – so dachte ich – hatten ebenso wie ich Tote sowie verwundete und verkrüppelte Kriegsopfer gesehen, wenn sie nicht absichtlich weggesehen hatten. Wie konnten diese Menschen nur dem Verursacher all dieser Leiden begeistert applaudieren?

Besonders aber schämte ich mich für meine eigenen Landsleute, die dem Schlächter huldigten und schmeichelten. Mein Verhältnis zu einem bedeutenden zeitgenössischen deutschen Dichter, nämlich Goethe, verdüsterte sich bis zur Verachtung, als ich hörte, das er sich 1808 von Napoleon mit dem Kreuz der Ehrenlegion auszeichnen ließ und diesen Orden in den nächsten Jahren regelmäßig trug.

Ich hatte es mir zur Aufgabe gemacht, meine Schüler Respekt vor dem menschlichen Leben zu lehren. Wie aber sollten wir Lehrer mit solchen Bemühungen Erfolg haben, wenn unsere Dichter einen Tyrannen hofieren, der hunderttausende von Leben europäischer Soldaten und Zivilisten auf dem Gewissen hatte?“

Betroffenheit war aus den Gesichtern aller Zuhörer zu lesen. Frau von Rodenberg, die sich in der Unterhaltung bisher sehr zurückgehalten hatte, brachte ihre Zustimmung mit der Bemerkung zum Ausdruck: „Jetzt können sicherlich alle Gäste verstehen, warum wir die Erziehung unserer Kinder in den ersten Schuljahren in die Hände von Lehrer Wessels aus Zyfflich gelegt haben.“

Pastor Neumann erfasste sofort, dass Frau von Rodenberg mit diesen einfachen Worten auch einen Weg aus der Verzweiflung über die eigene Ohnmacht in der Vergangenheit gewiesen hatte. „Es ist sicherlich ein langer und beschwerlicher Weg, auf die Erziehung der kommenden Generationen zu setzen, wenn wir vor die Frage gestellt werden, wie wir dem Fluch der Vergangenheit mit Gewalt und Gegengewalt, mit Missachtung des menschlichen Lebens und Unterdrückung entkommen wollen", wandte sich Pastor Neumann an die Gesellschaft, und fuhr fort: „Aber es ist der Weg, der Erfolg haben kann, wenn wir ihn konsequent und mit Langmut gehen. Dazu müssen wir uns seiner Bedeutung bewusst werden, und vor allem müssen wir unseren Kindern Mut vorleben"; „...auch, wenn es gilt, öffentlich gegen Unterdrückung und Verbrechen unsere Stimme zu erheben", fügte Lehrer Wessels hinzu.

Karl von Rodenberg applaudierte: „Bei den Worten von Pastor Neumann habe ich an die zweihundertjährigen Eichen in unserer Hofeinfahrt gedacht. Die Generation, welche sie gepflanzt hat, hat gewusst, dass erst spätere Generationen den Schatten dieser Bäume genießen können. Ebenso müssen wir die sorgfältige, konsequente und engagierte Erziehung der nächsten Generation als unsere große Chance verstehen, etwas zu tun. Wir müssen uns eben damit abfinden, dass es große Einflussmöglichkeiten wie in der Erziehung gibt, die erst in späteren Zeiten Erfolge versprechen. „Aber", ergänzte er, „wir leben auch von der Ernte des Getreides, das wir im vergangenen Jahr gesät haben und zur Zeit ernten. Ich meine, dass wir auch Aussicht haben, auf absehbare Zeit Erfolge zu sehen, wenn wir einige der in Preußen auf den Weg gebrachten Reformen, in der praktischen Umsetzung unterstützen."

„Ja", schaltete sich Frau von Rodenberg ein, während sie ihrem Mann stolz ansah, „Karl ist ein überzeugter Reformer und deshalb nicht überall im preußischen Landadel beliebt. Er hat auch mich überzeugt, dass wir die Hardenbergschen Reformen von 1812 unterstützen und uns mit der Ausübung der niederen Polizeihoheit durch die preußische Gendarmerie, der Abschaffung der Patrimonialgerichtsbarkeit und deren Ersatz durch die staatliche Gerichtsverwaltung sowie der Ansiedlung des Schul- und Kirchenpatronats bei gewählten Institutionen arrangieren sollten."

„Es mag sein“, setzte Karl von Rodenberg den Gedanken fort, „dass wir im Klever Land reformfreudiger sind als der Landadel in den preußischen Kerngebieten, weil wir dem ständigen Einfluss vieler anderer Gedankenströmungen ausgesetzt sind. Wir sehen, was sich weiter südlich im Rheinland abspielt, der Einfluss aus den Niederlanden und aus England ist groß. Außerdem sind wir daran gewöhnt, als evangelische Minderheit unter einer katholischen Mehrheit zu leben. Das macht es schwer, starr und dogmatisch zu sein.“

„Ihre Reformfreudigkeit, werter Herr von Rodenberg“, griff Lehrer Wessels in die Diskussion ein, „ist aber auch Ausweis Ihres Verantwortungsbewusstseins für die Bauern und Tagelöhner Ihres Gutes. Ich bin sicher nicht indiskret, wenn ich verrate, dass Herr von Rodenberg und ich uns schon des Öfteren gemeinsam Gedanken gemacht haben, wie wir künftige Generationen befähigen könnten, irgendwann eine Abkehr vom Absolutismus zu erzwingen und Angriffskriege durch das eigene Volk zu verhindern. Dass allen Erziehern dabei eine wichtige Rolle zukommt, war immer klar. Ebenso klar war aber auch, dass die Schule es nicht allein vermag, selbständig denkende und handelnde Menschen auf allen Ebenen und in allen Ständen heranzubilden. Die Abhängigkeiten der Beschäftigten der Landgüter müssen behutsam aber konsequent aufgebrochen werden, wie es die Hardenbergschen Reformen vorsehen. Dann haben wenigstens deren Kinder eine Chance, sich als selbständige und aktive Glieder des Volkes in die künftige Gestaltung einer freiheitlichen Ordnung einzubringen.“

„Ihre Worte ehren mich“, erwiderte Karl von Rodenberg, an Lehrer Wessels gewandt, und ergänzte: „Meine Auffassung, dass die Abhängigkeiten der Beschäftigten von den Gutsherren erheblich gelockert werden sollten, hat aber auch ganz praktische Gründe: Wir werden früher oder später viele Kleinbauern und Tagelöhner nicht mehr auf den Landgütern beschäftigen können, weil uns die Arbeit ausgehen wird. Maschinen werden einen großen Teil der menschlichen Arbeitskraft ersetzen. Es gibt bereits einen Prototypen einer Dreschmaschine, eine Erfindung von Pastor Peßler. Es gibt im

Bergbau in England Dampfmaschinen für den Antrieb von Pumpen in Bergwerken. Bald werden auch von Dampfmaschinen getriebene Dreschmaschinen verfügbar sein. Es wird Dampflokomotiven geben und Mähmaschinen mit Mähbalken. Diese technischen Erfindungen werden Verbreitung finden, sobald Handel und Wirtschaft sich von den Restriktionen des napoleonischen Kontinentalsystems und den extremen Kriegskontributionen erholt haben. Durch den Einsatz von Dreschmaschinen mit Dampfantrieb wird der größte Teil der Winterbeschäftigung für unsere Tagelöhner entfallen. Eisenbahnen mit Dampflokomotiven werden viele Fuhrknechte überflüssig machen. Dampfgetriebene Sägen werden Sägeknechte ersetzen. Und Mähmaschinen werden die Arbeit von Sensenschnittern übernehmen. Alle die frei werdenden Arbeitskräfte müssen befähigt werden, sich in den städtischen Gewerben Arbeit und Brot zu suchen. An Abhängigkeit, Fürsorge und Bevormundung gewöhnte Menschen können das aber nicht. Also müssen wir sie nach und nach an Selbständigkeit gewöhnen."

„Die Worte von Lehrer Wessels und Herrn von Rodenberg ermutigen mich sehr", lobte Pastor Neumann und versprach: „Ich werde stets ein glühender Unterstützer Ihrer Arbeit an der Befähigung der Menschen für eine aktive Rolle in der Gemeinschaft sein. Ich weiß, dass auch wir Pastoren keine konstitutionelle Monarchie mit einer geschriebenen Verfassung und einem mit dem Haushaltsrecht ausgestatteten Parlament sowie Unabhängigkeit der Justiz herbeipredigen können. Aber wir müssen uns vorsehen, dass wir nicht das Gegenteil tun, indem sich einige von uns auf die Seite der Reformgegner schlagen. Es ist ja ohnehin beschämend, dass die Kirche dem Absolutismus nicht schon längst in den Arm gefallen ist. Wir brauchen zwar weltliche Herrschaft, und Luther hat die Zumutbarkeit dieser Herrschaft sehr weit gezogen. Er hat sie aber durch die Worte eingegrenzt, dass sie dem Menschen nicht schade, solange sie nicht wider Gott ist. Wenn sie aber absolut ist, ist sie wider Gott. Und in den Taten unserer Landesherren Gottes Willen zu sehen, erscheint mir angesichts der Kriegstreiberei und Geringschätzung menschlichen Lebens absurd."

„Damit sprechen Sie mir aus dem Herzen“, sagte Lehrer Wessels und legte dar, wie sehr ihn bekümmert hatte, dass es den Landesherren offensichtlich gelungen war, ihre absolute Herrschaft gegen christliche Gedanken zu immunisieren: „Schon seit Thomas von Aquin verstand die christliche Tradition den Menschen als handelndes Subjekt in der Geschichte, das sich durch Gewissensund Willensfreiheit auszeichnet. Offensichtlich musste jetzt erst Kant kommen, damit die Welt darauf aufmerksam wurde, dass der Mensch Subjekt mit Gewissensfreiheit ist und nicht Objekt eines absoluten Herrscherwillens. Wir werden wohl noch manchen Rückschlag hinnehmen müssen auf dem Weg zu einer freiheitlichen Ordnung, in deren Mittelpunkt dieser Mensch mit Gewissensfreiheit steht, aber ich bin überzeugt, dass der Tag einer solchen politischen Ordnung kommen wird, wenn wir den Mut haben, unseren eigenen Verstand zu gebrauchen, wie es die Aufklärung von uns fordert.“

„Das ist in der Tat ein ganz zentraler Punkt“, bekräftigte Major von Reiche, „und Sie können sich sicher sein, dass die preußischen Reformer zu den philosophischen Grundlagen der Aufklärung stehen. Der für uns Soldaten so wichtige Generalmajor von Gneisenau hat seinen Kant gelesen, und es ist bei all seiner Loyalität nicht unbekannt, dass er auf die Durchsetzung der Gewaltenteilung setzen wird, wenn der richtige Augenblick dafür gekommen ist.“

„Ob wir auf diesen richtigen Augenblick hoffen dürfen, erscheint mir allerdings zum gegenwärtigen Zeitpunkt sehr unsicher", wandte Karl von Rodenberg ein, „weil es offensichtlich den restaurativen Kräften in der Anti-Napoleon-Allianz gelungen ist, zu Beginn dieses Jahres im Handumdrehen die alte Bourbonenherrschaft als absolutistisches Regime wieder in Frankreich zu etablieren.“

„Ich teile diese Bedenken“, lenkte Major von Reiche ein, „auch ich war sehr enttäuscht, dass keine Anstalten gemacht wurden, in dieser Situation in Frankreich eine konstitutionelle Monarchie zu errichten, die ein Modell für das befreite Europa hätte abgeben können. Leider müssen wir uns auch in Preußen in dem Ton angebenden Landadel auf Gegenwind gegen unsere Reformen gefasst machen".

„Diese trüben Aussichten könnten aus Reformern durchaus wieder Revolutionäre machen", gab Lehrer Wessels hitzig zu bedenken.

„Das möge Gott verhüten", entgegnete Pastor Neumann, „die französische Revolution hat mehr Unheil angerichtet, als eine Beibehaltung des alten Regimes jemals hätte verursachen können. Wir wissen, dass die Guillotine und die extreme Willkür der Macht Markenzeichen der französischen Revolution geworden sind. Und das verwundert auch nicht, weil man versucht hat, eine Gesellschaft nach den Prinzipien einer gottlosen Ideologie zu organisieren. Die Diener einer solchen Ideologie nehmen ihr eigenverantwortliches Ich überhaupt nicht mehr wahr. Die vom Alltag losgelösten Ideen der Revolution treten an die Stelle des verantwortlichen Handelns des Einzelnen. Sie begründen und rechtfertigen alles, was im Namen der Revolution geschieht. Gleichzeitig bemächtigen sich die Überwachungsinstanzen des revolutionären Staates des Bürgers, der jede Privatheit verliert. Die französische Revolution ist in den Abschied von einer menschenbezogenen Gesellschaft gemündet."

„Wir haben unseren äußeren Feind Napoleon besiegt, aber die Aussichten auf eine konstitutionelle Monarchie mit Gewaltenteilung erscheinen doch nicht ungetrübt zu sein, und auf die zerstörerische Gewalt einer Revolution gegen die Herrschaft eines absolutistischen Landesherren zu setzen, verbietet sich nach den bisherigen Erfahrungen", fasste Karl von Rodenberg die letzten Beiträge zusammen und fügte hinzu: „Wir sollten aber nicht übersehen, dass unsere Ziele in den Freikorps und den preußischen Jägerregimentern verwurzelt sind."

Alle Augen richteten sich nun auf Major von Reiche, um zu erfahren, wie er hierüber dachte. Er kam dieser Erwartung gerne entgegen und sagte: „Der Geist der freiwilligen preußischen Jäger und der Freikorps ist derselbe wie der der wichtigsten preußischen Reformer. Wir wollen eine konstitutionelle Monarchie mit Gewaltenteilung und einem Parlament mit alleinigem Haushaltsrecht. Wir werden diesen Geist weiter tragen, auch wenn wir noch viele Rückschläge hinnehmen müssen. Unsere Gesinnungsfreunde sind aber mittlerweile sehr zahlreich, so dass wir nicht zu verzweifeln brauchen, wenn es zwischendurch einmal wieder rückwärts geht. Wir dürfen aber nicht übersehen, dass der jetzige preußische König ein schwacher Monarch ist. Er neigt zur alten Ordnung und weicht davon nur unter Druck ab. Wäre er ein Mann vom Format Friedrichs des Großen, so hätte er selbst ohne Verfassung durch Rechtspraxis ein Alltagsleben für den Bürger geschaffen, das sich nicht sehr von dem in einer konstitutionellen Monarchie unterscheiden würde.

Im Übrigen gibt es für uns einen ganz wichtigen militärischen Grund, auf Biegen und Brechen an unseren Zielen festzuhalten: Mein Schwager hat die zu erwartenden technischen Neuerungen in der Landwirtschaft und ihre Konsequenzen aufgezeigt. Auch im Militärbereich stehen tief greifende technische Neuerungen ins Haus. Lokomotiven mit Dampfantrieb werden das Transportwesen viel leistungsfähiger machen, und die Telegraphie wird die Nachrichtenübermittlung revolutionieren. Das zusammen wird die Logistik des Militärs effizienter machen. Auch die Gefechtskraft der Infanterie wird durch genauere und weiter reichende Gewehre um ein Vielfaches gesteigert werden. Einen ersten Eindruck davon haben die Büchsen der Tiroler Bergschützen in den Berg-Isel-Schlachten geliefert. Mit Hilfe dieser Büchsen haben die Tiroler Bergbauern zweimal die französischen und bayerischen Truppen geschlagen. Diese Gewehre hatten die doppelte Reichweite wie die der Gegner. Sie hatten nur noch den Nachteil wesentlich längerer Ladezeiten. Deshalb mussten jedem Schützen ein Ladeknecht und zwei Gewehre zur Hand gegeben werden. Dieser Nachteil wird jedoch über kurz oder lang durch technische Weiterentwicklung verschwinden. Technische Fortentwicklungen werden also einen künftigen Krieg noch zerstörerischer machen.

Deshalb müssen wir einen solchen Krieg verhindern. Das lässt sich nur durch Machtausgleich in der Politik bewirken. Somit brauchen unsere Staaten eine verfassungsmäßig festgelegte und praktizierte Machtbalance. Wenn es in Frankreich nach dem Rückzug Napoleons aus Russland ernsthafte politische Kontrollen gegeben hätte, wäre es Napoleon nicht möglich gewesen, durch einen Auftritt vor dem Senat in Paris im Handumdrehen ein einstimmiges Mandat für die Aushebung von zweihundertundfünfzigtausend Rekruten und die Genehmigung der zugehörigen Geldmittel zu erhalten. Die vielen Toten von Leipzig bis Paris hätten vermieden werden können."

Karl von Rodenberg dankte seinem Schwager, dass er nicht nur viele neue Gesichtspunkte in das Gespräch gebracht, sondern den freiheitlich gesinnten Patrioten auch Mut für die Zukunft gemacht hatte.

Es war schon spät geworden, die abendliche Sommersonne hatte sich hinter den Horizont zurückgezogen, und der Raum wurde schwach von einigen Kerzen auf dem Tisch erleuchtet. Die Gesellschaft verabschiedete sich. Alle hatten dazu gelernt. Sie hatten nun eine Vorstellung, was es bedeuten könnte, wenn immer mehr Menschen dem von Lehrer Wessels vorgetragenen Leitgedanken der Aufklärung folgen würden: Habe den Mut, deinen eigenen Verstand zu gebrauchen.

5. Kapitel: Wilhelm Hindersinn

Major von Reiche und Wilhelm Hindersinn waren mit schwerem Gepäck in Germenseel angereist. Sie hatten einige Lithographiesteine, also Druckplatten für den Steindruck, sowie weiteres Lithographiezubehör wie Stangentusche, Kreidestifte und Zeichenfedern aus Paris mitgebracht, um die Steine für Übungszwecke zu bearbeiten. Nach ihrer Rückkehr in Paris wollten sie dann mit den bearbeiteten Druckplatten und der dort verfügbaren Handpresse Probedrucke anfertigen. Auf diese Weise wollten sie ihre lithographischen Kenntnisse und Fähigkeiten als Grundlage für die später in Berlin geplanten Druckereiaktivitäten verbessern. Wilhelm kam die Aufgabe zu, die Vorzeichnungen zu erstellen und diese nach eingehender Besprechung mit dem Major seitenverkehrt auf die Lithographiesteine aufzutragen.

Eines Morgens begab sich Wilhelm mit Zeichenpapier und Stiften in den Garten des Gutshofes, um Vorzeichnungen für einen Baum und eine Blume anzufertigen. Er traf Johanna, die frühmorgens gern für eine Viertelstunde die erwachende Natur genoss. Nach der Begrüßungsfeier auf Gut Germenseel hatten Wilhelm und Johanna noch keine Gelegenheit gehabt, allein miteinander zu sprechen. Wilhelm war glücklich, dass das nun möglich war. Aber es trat die Erinnerung an eine Begebenheit während dieser Feier vor seine Augen, die ihn für einen Augenblick unsicher machte:

Wilhelm hatte zu der damaligen Feier das Halstuch mitgebracht, mit dem Johanna ihn nach seiner Verwundung in Lüneburg verbunden hatte, und er hatte sich sorgsam Dankesworte zurecht gelegt. Als er jedoch nach der Vorstellung durch Herrn von Rodenberg auf Johanna zutrat und sie ansah, überkamen ihn Gefühle, die er in seinem Leben in dieser Kraft noch nie erfahren hatte. Er sah nicht mehr seine Lebensretterin vor sich, er dachte nicht mehr an seine Pflicht, sie mit Worten des Dankes und der Anerkennung zu ehren. Er sah eine junge Frau, die er begehrte. Er rang um die vorbereiteten Worte und fand sie nicht. Er stand vor ihr, hielt das Halstuch vor sich und brachte mit Mühe einen Satz hervor: „Es hat mir

Glück gebracht.“ Johanna, die Wilhelms Gefühlszustand erriet, hatte ebenso kurz geantwortet: „Es soll Ihnen weiter Glück bringen. Sie sollen es weiter bei sich tragen.“

Wilhelm fing sich heute – anders als bei der damaligen Begegnung – recht schnell. Er versuchte nicht, irgendetwas richtig zu machen. Er sah Johanna an, fühlte sich von ihr verstanden, sprach über seine Wortkargheit bei der Begrüßungsfeier und über die Gedanken, die ihm vor einem Augenblick durch den Kopf gegangen waren. Er gestand ihr, dass er sie liebe, sie als seine Frau begehre und alles tun werde, damit sie so bald wie möglich eine Familie gründen könnten, wenn sie seinen Antrag annehme. Johanna standen die Tränen in den Augen. Sie antwortete ihm, dass sie glücklich sei und dass sie seit der Begrüßungsfeier auf seinen Antrag gewartet habe; denn sie hätte damals aus seinem Blick seine Liebe gelesen. Sie hätte gespürt, warum er die Worte nicht gefunden hatte, die er sich wohl zurechtgelegt haben musste. Johanna und Wilhelm umarmten und küssten sich. Sie nahmen nichts um sich herum wahr, bis eine Magd in den Garten trat und das Gartentor so bewegte, dass es unüberhörbar knarrte. Wilhelm fasste sich, sagte, dass er am heutigen Vormittag im Garten zeichnen werde, und vielleicht könnte sie sich später zu ihm gesellen.

Als Johanna anschließend in das Haus ging, um – wie üblich – bei der Vorbereitung des Frühstücks zu helfen, hatte sie alle Mühe, ihre Gedanken zusammenzuhalten und nicht über ihr Glück zu reden. Frau von Reiche bemerkte, dass Johanna ungewöhnlich aufgeräumt war und überraschte sie mit der spontanen Idee, einen gemeinsamen Spaziergang zum Wyler Meer zu unternehmen. Das konnte Johanna ausgerechnet heute gar nicht gebrauchen; denn sie wäre natürlich viel lieber zu Wilhelm in den Garten gegangen. Aber wegen des Respekts vor Frau von Reiche konnte Johanna nur zustimmen. So verabredeten sich die beiden Frauen für fünf Minuten nach dem Frühstück zu einem Spaziergang, um die Morgenfrische auszukosten, wie Frau von Reiche sagte.

Nach dem Frühstück ging Johanna rasch auf ihre Stube, um einen Überhang für die Wanderung zu holen. Dann blieben ihr noch wenige Minuten, um Wilhelm im Garten aufzusuchen. Dieser war allein, und so konnte sie ihm auch das Notwendigste mitteilen: Sie müsse mit Frau von Reiche spazieren gehen und ob sie sich morgen früh um dieselbe Zeit wie heute im Garten treffen könnten? Wilhelm war einverstanden, und beide waren mit ihren Gedanken schon bei ihrer nächsten Zusammenkunft.

Wilhelms Vorzeichnungen missrieten heute zunächst. Schließlich aber nach etwa einer Stunde, als die Aufregung dem Glücksgefühl und der Ruhe wich, gelang es ihm, einen schönen Pflaumenbaum zu zeichnen, dessen Struktur er zur Erprobung einer Druckvorlage für geeignet hielt. Die zweite Zeichnung verschob er aber auf den folgenden Tag.

Frau von Reiche hatte Johanna bereits in Berlin erzählt, dass Wilhelm Hindersinn und ihr Mann sich in Paris mit dem Steindruck befassten. Johanna konnte leicht erraten, dass die Zeichnungen von Wilhelm in einem Zusammenhang mit den lithographischen Aktivitäten der beiden Männer standen, und so berichtete sie, dass sie Wilhelm im Garten beim Zeichnen gesehen habe. Damit hatte sie ein Thema angesprochen, auf das Frau von Reiche sehr lebhaft reagierte, denn sie hatte sich mit ihrem Mann in letzter Zeit des Öfteren über ihre Zukunft im Frieden unterhalten und wusste, wie ernsthaft er den Gedanken verfolgte, sich zusammen mit Wilhelm der Lithographie zu widmen. „In dem kommenden Frieden", so sprach Frau von Reiche, „werden wir noch manche Umbrüche erleben. Das werden nicht nur die politischen und militärischen Umgestaltungen sein, von denen wir in unserem Gesprächskreis gehört haben. Das wird für alle Männer, die bisher in der Armee gedient haben, zunächst einmal bedeuten, dass sie sich der Frage stellen müssen, wie sie im Frieden ihr Brot verdienen sollen. Mein Mann und Wilhelm Hindersinn wollen in Berlin gemeinsam im lithographischen Bereich arbeiten. Meinem Mann schwebt vor, einen Auftrag zur Errichtung eines lithographischen Instituts für die preußische Armee zu erhalten, damit dort auch die Illustrationen für die

Nachrichten an die preußische Armee gedruckt werden können. Ohne Illustrationen – so ist ihre Meinung – würde es wohl nicht gehen, da eine nicht unerhebliche Zahl von Soldaten trotz der in Preußen formal bestehenden Schulpflicht nicht lesen und schreiben kann.

Wenn aus dem lithographischen Institut für die preußische Armee nichts werden sollte, so überlegen die beiden auch, sich gewerblich auf dem Lithographiemarkt zu betätigen. Wegen der damit verbundenen Investitionen müssten sie sich dann aber um die Aufnahme eines Kapitalgebers in das Gewerbe bemühen.

Im Übrigen hat Wilhelm Hindersinn auch schon vorgefühlt, ob er, als Alternative, eine Chance auf Verbleib in der preußischen Armee habe. Aber so rasch wird es in den Armeen des antinapoleonischen Bündnisses keine Klarheit über die Einzelheiten der künftigen Strukturen und damit über den künftigen Offiziersbedarf geben. Und wenn es den Bedarf geben sollte, weiß man immer noch nicht, ob nicht aus finanziellen Gründen am Offizierskorps auch in der preußischen Armee gespart wird. Preußen ist wie alle deutschen Länder durch die Lasten der napoleonischen Kriege verarmt und wird auch weiterhin im Staatshaushalt sehr sparen.

Ich hoffe auch sehr, dass sich die Pläne meines Mannes für ein lithographisches Institut realisieren lassen. Mein Mann ist jedenfalls zuversichtlich, dass Wilhelm Hindersinn das zeichnerische und technische Talent hat, damit sie in Kürze Steindrucke in konkurrenzfähiger Qualität anbieten können. Es steht uns also allerlei Neues ins Haus.“

Johanna sah: Auch für ihr Leben würde es von Bedeutung sein, was aus den Plänen des Majors und Wilhelms werden würde. Eine gesicherte materielle Existenz würde natürlich manche Schwierigkeiten bei der Familiengründung aus dem Wege räumen. Aber das Glück über Wilhelms Heiratsantrag war noch zu frisch, als dass sie sich materiellen Überlegungen hingeben mochte. Sie wollte jetzt eigentlich nur an ihr Glück denken, und ihre Liebe war auch stark genug,

Wilhelm zu heiraten, wenn er keinen Broterwerb finden würde. Sie würden sich dann schon durchschlagen, wie es viele Familien taten, die in den napoleonischen Kriegen verarmt waren, und wie sie es nach dem Tode ihres Vaters auch gemeinsam mit ihrer Mutter getan hatte. In dieser Stimmungslage versuchte Johanna nicht, das Gespräch über die beruflichen Pläne der beiden Männer zu vertiefen. Sie ließ es bei der kurzen Antwort an Frau von Reiche bewenden: „Ich würde mich sehr freuen, wenn Ihr Mann und Wilhelm Hindersinn Erfolg mit der Lithographie haben würden. Sie hätten das nach ihren tapferen Einsätzen für das Vaterland verdient."

Und sie wendete das Gespräch, indem sie fortfuhr: „Sie hatten Recht, sich für einen Spaziergang zur frühen Stunde zu entscheiden. Die Morgenfrische belebt Körper und Seele und beim Blick in die weite Landschaft empfinde ich Harmonie und Frieden."

„Ja" erwiderte Frau von Reiche, „es ist der Frieden, den wir ersehnen. Hoffen wir nur, dass die Kriege in Europa nach dem Wiener Friedenskongress ein Ende nehmen. Nachdem ich meinen Mann nun wieder wohlbehalten in die Arme schließen konnte, ist eine große Last von mir gefallen, und mein sehnlichster Wunsch ist, dass er nie wieder in den Krieg zieht. So wäre es mir auch sehr recht, wenn er den Offiziersberuf aufgeben und mit Wilhelm Hindersinn gemeinsam im Lithographischen Bereich das Brot für unsere Familie verdienen würde." „Das versteht niemand besser als ich", antwortete Johanna. Sie sprach diesen Satz mit so viel Empfindsamkeit aus, dass Frau von Reiche sie dankbar gerührt ansah und ihr versicherte: „Als ich Ende letzten Jahres nach den Schlachten bei Leipzig auf ein Lebenszeichen von meinem Mann wartete und an der Ungewissheit litt, habe ich schon gespürt, dass Du mit mir gelitten hast. Das hat mir sehr geholfen."

Die beiden Frauen schwiegen, gingen ein wenig langsamer und schauten durch eine Lücke im Röhricht auf das Wyler Meer, auf dem friedlich Wildenten und Uferschnepfen schwammen. Frau von Reiche konnte es nicht wissen – aber sie fühlte es –: Johanna und sie waren eine Schicksalsgemeinschaft geworden.

Früh morgens am nächsten Tag traf Johanna Wilhelm wieder im Garten. Sie waren jedoch nicht allein. Vermutlich hatte sich ihre Umarmung vom Vortag schon herumgesprochen, und sie mussten einen Weg finden, sich dem Interesse der anwesenden Magd zu entziehen. So verabredeten sie sich für die Zeit nach dem Frühstück an der Stelle, an der Kleyen mit dem Banndeich zusammentraf, um von dort zum Wyler Meer zu wandern, dem Ort, den Johanna gestern mit Frau von Reiche aufgesucht hatte.

Johanna spürte, dass Frau von Reiche sie an diesem Morgen beim Frühstück in besonders fürsorglichem Ton begrüßte. Nach dem gestrigen Spaziergang war das Mutter-Tochter-Verhältnis zwischen den beiden Frauen noch ein wenig inniger geworden. Auch deshalb fühlte Johanna sich verpflichtet, Frau von Reiche so bald wie möglich über ihre Beziehung zu Wilhelm zu berichten. Doch musste sie zunächst darüber mit Wilhelm sprechen. So nahm sie denn Zuflucht zu einer Andeutung: „Ich würde Wilhelm Hindersinn gern den Weg unseres gestrigen Spaziergangs zeigen, vielleicht kann er für Sie ein Bild von der Landschaft malen, deren Frieden wir gestern in uns aufgenommen haben.“ Frau von Reiche lächelte wissend und antwortete in unüberhörbar wohlwollendem Ton: „Das würde mich ganz besonders freuen, genießt ein paar schöne Stunden.“ Johanna freute sich über das Einvernehmen mit Frau von Reiche und machte sich sofort nach dem Frühstück auf, um Wilhelm zu treffen.

Wilhelm wartete schon an der verabredeten Stelle auf dem Banndeich. Sie fielen sich in die Arme und genossen ihr Glück. Sie waren nur füreinander da und vergaßen die Welt um sich herum. Sie vergaßen auch die Zeit. Als Wilhelm dennoch bemerkte, dass die Sonne schon nahe am Zenit stand, wurde ihm bewusst, dass sie darüber sprechen mussten, wann sie mit dem Major und Frau von Reiche über ihre beabsichtigte Verlobung sprechen sollten. Nachdem eine Magd sie gestern im Garten offenbar beobachtet hatte, sollte man das Gespräch nicht hinauszögern, schlug er vor. Das war ganz im Sinne Johannas, und sie erzählte Wilhelm, wie sie heute beim Frühstück mit der Sache umgegangen war, von der sie einerseits nichts sagen durfte, die ihr aber andererseits abverlangte, Frau von Reiche ihre Abwesenheit mitzuteilen, ohne den wahren Grund hierfür offen zu legen. Wilhelm war von Johannas Geschicklichkeit beeindruckt. Er schlug vor, morgen früh nach dem Frühstück gemeinsam um ein Gespräch mit dem Major und Frau von Reiche zu bitten, um von ihrer Verlobungsabsicht zu berichten. Er würde noch heute eine Skizze vom Wyler Berg für Frau von Reiche fertigen, die er ihr bei der Gelegenheit überreichen könnte. Das würde dann ja ganz gut zu Johannas Andeutung gegenüber Frau von Reiche passen.

Bevor sie Major von Reiche und seine Frau um ein Gespräch bitten konnten, mussten sie jedoch erst selbst einmal über den gewünschten Verlobungstermin Klarheit gewinnen. Dieser Termin war nicht von dem Datum der Abreise von Major von Reiche und Wilhelm nach Paris zu trennen. Daran mochte Wilhelm zwar im Augenblick nicht denken, aber er kam nicht umhin, Johanna zu eröffnen, dass der Major und er bis Ende September wieder in Paris sein mussten. Dann hatten sie der preußischen Armee wieder in der französischen Hauptstadt zur Verfügung zu stehen. Und die Reisezeit von Kleve bis Paris mussten Sie von diesem Termin noch abziehen. So schlug er vor, sich bis Mitte September zu verloben, und den Major und Frau von Reiche zu fragen, welcher Termin ihnen recht wäre. Wenn das Datum der Verlobung mit Frau von Reiche und dem Major abgesprochen wäre, könnte man sich an Pastor Neumann wenden und ihn um seinen Segen bei der Verlobungsfeier bitten.

Johanna war nun auch wieder in der Wirklichkeit angelangt. Sie musste sich damit abfinden, dass die Pflicht zur Rückkehr Wilhelms nach Paris für das Paar noch eine Wartezeit erzwang. Die baldige Verlobung aber war immerhin ein Grund zu großer Freude. Johanna wünschte, dass auch für Wilhelm die Last der Wartezeit so gering wie möglich sein möge. Sie versprach ihm, dass sie auf ihn warten werde, wie schwer ihr die Trennung auch immer werden und wie lange sie auch immer dauern würde. Wilhelm möchte ihr nur regelmäßig ein Briefchen schreiben. Sie hoffe, dass die Feldpost demnächst zuverlässiger arbeiten werde und sie deshalb nicht so lang auf seine Briefe warten müsse, wie es bei Frau von Reiche der Fall war, als sie nach den Schlachten von Leipzig auf ein Lebenszeichen ihres Mannes wartete. Schließlich erinnerte sie sich an die beruflichen Pläne des Majors und Wilhelms. Es war ihr ein großes Anliegen, dass Wilhelm sich nicht durch die beabsichtigte Familiengründung unter Karrieredruck gesetzt fühlte. Sie versicherte ihm ehrlichen Herzens, dass sie seinen beruflichen Plänen ein gutes Gelingen wünsche, aber auch in Armut als seine Frau mit ihm leben wolle. Sie habe viele Familien erlebt, die durch die Kriege verarmt waren und sehr karg leben mussten, die jedoch die Liebe auch über Not und Mangel getragen habe. So wolle auch sie es halten. Wilhelm war gerührt und glücklich. Sie würden bald ein Brautpaar sein, und er würde mit Eifer für die Familiengründung arbeiten. Es würde mit den Lebensverhältnissen wohl nicht so schlimm kommen, wie Johanna es als ein mögliches Schicksal beschrieben hatte. Er glaubte schon, dass ihre künftige Familie nicht würde Not leiden müssen.

Als Johanna und Wilhelm am nächsten Morgen mit dem Ehepaar von Reiche sprachen und ihre Verlobungspläne eröffneten, waren diese sehr beglückt. Frau von Reiche hatte nach ihrem längeren Spaziergang mit Johanna insgeheim schon mit einer solchen Nachricht gerechnet. Und Herrn von Reiche war die Verlobung auch deswegen sehr recht, weil er Wilhelm mittlerweile als seinen Juniorpartner betrachtete, vor dessen Tüchtigkeit er großen Respekt hatte.

An einem Sonntag im September des Jahres 1814 fand auf Gut Germenseel die Verlobung von Johanna Stegen und Wilhelm Hindersinn statt. Als Gäste waren die Teilnehmer des Gesprächskreises ‚Gut Germenseel' erschienen, die sich ein letztes Mal vor der Abreise des Majors und Wilhelms nach Paris trafen. Alle fühlten, dass das Schicksal hier zwei Menschen zusammengeführt hatte, deren Mut ihnen geholfen hatte, die Gefahren der Kriege zu überstehen, die in den Schrecken des Krieges ihren Charakter nicht verloren hatten und die in den Augen aller Anwesenden ein Hoffnungszeichen für die Zukunft setzten. Dieses Hoffnungszeichen war auf eine Familie gerichtet, auf Kinder, die geschützt und geprägt durch die Liebe und die starken Überzeugungen ihrer Eltern heranwachsen konnten. Sie würden die Chance haben, eine fernere, bessere Zukunft zu gestalten, nachdem sie sich zu verantwortungsvollen, freien Menschen entwickeln konnten. Pastor Neumann gab diesen Empfindungen der Anwesenden in bewegenden Worten Ausdruck und segnete das Brautpaar. Sicherlich hatte diese Verlobung den Teilnehmern des Gesprächskreises für ihre künftige Arbeit durch die in dem Brautpaar verkörperte Hoffnung ebensoviel Kraft gegeben, wie die vorangegangenen Gespräche.

6. Kapitel: Warten auf den Frieden

Mit der Abfahrt des Majors und Wilhelms nach Paris begann für Frau von Reiche und Johanna die Zeit des Wartens auf die neue Zeit nach den Kriegen. Sie blieben auf Gut Germenseel, damit der Major und Wilhelm sie bei nächster Gelegenheit besuchen konnten. Ein zwischenzeitlicher Besuch in Berlin wäre wegen der langen Reisezeit kaum möglich gewesen: Der Weg von Paris nach Berlin war etwa dreimal so lang wie die Strecke von Paris nach Kleve.

Johanna hatte sofort nach der Festlegung des Verlobungstages an ihre Mutter in Lüneburg geschrieben, aber keine Antwort erhalten. Sie sandte darauf hin einen Brief an den Nachbarn ihrer Mutter, den Schustermeister Wiese, der sie im vorigen Jahr vor den Franzosen in seinem Hühnerstall versteckt hatte. Ende Oktober 1814 traf ein Antwortbrief des Schustermeisters ein mit der Nachricht, dass ihre Mutter im Juni dieses Jahres verstorben und von den Nachbarn zu Grabe getragen worden sei.

Johanna hatte nun keine lebenden Verwandten mehr. Sie war Frau von Reiche sehr dankbar, als sie ihr anbot, wie eine Tochter im Hause zu bleiben, bis sie und Wilhelm heiraten würden. Wenn es ihr recht sei – so Frau von Reiche – würden sie und ihr Mann auch gerne die Hochzeit – stellvertretend für die verstorbenen Eltern – ausrichten. Sie sei darüber sehr glücklich und wolle Wilhelm sofort schreiben, erwiderte Johanna. Bald bekam sie eine dankend zustimmende Antwort von Wilhelm, der offenbar mit großem Fleiß an der Vervollkommnung seiner lithographischen Technik arbeitete.

Frau von Reiche erhielt gleichzeitig einen Brief ihres Mannes, der sehr lobend über die zunehmende Qualität der Lithographiearbeiten von Wilhelm berichtete. Die letzten Probedrucke hatten eine so hohe Qualität erreicht, dass der Major sie einem preußischen Obersten in Paris vorstellen konnte. Dieser war sehr beeindruckt von den Lithographien, aber auch von dem Gedanken, für die preußische Armee die Gründung eines lithographischen Instituts anzuregen, damit regelmäßig bebilderte Informationen über die preußische Armee für Soldaten und Bevölkerung herausgegeben werden könnten.

Gemeinsame Überzeugung des Obersten und des Majors war: Man dürfe in Preußen nicht verkennen, dass die Erfolglosigkeit der Armee in den napoleonischen Kriegen auch damit zusammen hing, dass die Information aller Beteiligten durch den preußischen König und die preußische Generalität so unzulänglich und langsam war, dass dadurch viel Unterstützung verspielt wurde. Auf der anderen Seite hatte Napoleon dauerhaft viel Unterstützung genossen, was viele Reibungen verhinderte. Das war nicht zuletzt auch auf die laufenden Informationen und Aufrufe in den Bulletins der französischen grande armee zurückzuführen. Und wer Napoleon unterstützte, unterstützte nicht seine Feinde. Allein das sei ein Grund für eine gute Informationspraxis. Er wolle – so Major von Reiche zum Schluss seines Briefes – nun einigen Freunden in Berlin schriftlich die Idee eines lithographischen Instituts der Armee vorstellen und Probedrucke beifügen.

Frau von Reiche und Johanna waren über den Eifer der beiden Männer sehr erfreut und sahen sie im Geiste schon bei der Arbeit in einem lithographischen Institut in Berlin. Dann würden auch endlich die Kriegseinsätze der Vergangenheit angehören, bei denen die Frauen in ständiger Angst und Sorge um ihre Männer leben mussten.

Sowohl auf Gut Germenseel als auch bei den preußischen Offizieren in Paris wurde eifrig weiter über die Zukunft Preußens und Europas nach dem Kriege diskutiert, die seit September 1814 auf dem Wiener Kongress verhandelt wurde. Eine solch breite politische Diskussion wie jetzt hatte das Land noch nie erlebt. Auch Menschen, die einer politischen Debatte bisher vollkommen fern standen, hatten in letzter Zeit eine Ahnung davon bekommen, dass es doch Wege geben könnte, auf sein eigenes Schicksal selbst Einfluss zu nehmen.

Major von Reiche pflegte brieflich seine alten Kontakte, die auf Umwegen bis in die preußische Regierung reichten. Auf diese Weise erfuhr er, dass sich nach der Niederlage Napoleons verstärkt diejenigen Kräfte regten, die von Hardenbergs Reformbestrebungen, insbesondere die Einführung einer Verfassung, zu hintertreiben suchten. Und das, obwohl in Regierungskreisen weitgehend Konsens bestand, dass in Preußen nur eine landständische und keine republikanische Verfassung eingeführt werden könnte. Dabei würde dem Adel neben anderen Ständen eine getrennte Vertretung im Parlament eingeräumt werden. Es bewahrheitete sich aber wieder einmal die alte Erfahrung: Ohne ausreichenden aktuellen Druck sind Herrscher nicht bereit, Teile ihrer Macht abzugeben.

Auch in dem Ausschuss für die deutschen Angelegenheiten beim Wiener Kongress machte sich das Erstarken der alten restaurativen Kräfte bemerkbar. Wenn der Zusammenschluss der deutschen Staaten nicht durch starke Institutionen begleitet werden würde, wäre die Entwicklung zur Einheit Deutschlands zunächst einmal verspielt. Und gerade das strebten die Reformgegner an. Einen ersten politischen Erfolg hatten die Befürworter der Restauration bereits mit der Wiedereinführung der alten Bourbonenherrschaft in Frankreich erzielt. Wenn in Frankreich das alte Regime erfolgreich sein würde – so die Überlegungen der Restauration – gingen von dort keine Gefahren für die Beibehaltung der alten inneren Ordnung in den anderen europäischen Ländern aus.

Die geringen Aussichten auf einen starken deutschen Bund waren für Major von Reiche und seine Gesinnungsfreunde in der preußischen Armee ein Grund zu großer Sorge. Sie strebten eine Armee von Freiwilligen und Wehrpflichtigen an, die das Vaterland aus eigenem Antrieb verteidigten. Als Vaterland erkannten aber immer mehr Menschen Deutschland und nicht Hannover, Hessen oder Preußen. Nicht ohne Grund hatte der König von Preußen die Menschen in dem „Aufruf an mein Volk“ vom März 1813 als „Preußen und Deutsche“ angesprochen. Wenn nun aber ein starker Deutscher Bund nicht zustande kommen sollte und die Außenpolitik nach wie vor von den einzelnen deutschen Fürsten gemacht würde, würde ein politisches Gegenstück zur deutschnationalen Identität fehlen. Dann bestünde auch die Gefahr einer Rückentwicklung des Militärs zur Mentalität eines Söldnerheeres. In einer solchen Armee aber wollte Major von Reiche nicht dienen. Das würde eine Abkehr von der Moral seines Jägerregiments bedeuten.

Außerdem könnte bei ungebrochener Souveränität der einzelnen deutschen Fürsten der Länderschacher aus vergangenen Zeiten wieder aufleben. Das vertrüge sich nicht mit den Forderungen nach einer Verfassung, die auch verhindern sollte, das sich Hannoveraner plötzlich als Preußen wieder fanden, weil es den Landesfürsten gefiel, einmal kurz eine Provinz zu tauschen oder zu verkaufen, wie zur Zeit der Leibeigenschaft Landgüter mitsamt den zugehörigen Leibeigenen verkauft wurden.

Dass in den Ausschüssen für Gebietsfragen und europäische Angelegenheiten des Wiener Kongresses Einigkeit zu bestehen schien, ein europäisches Gleichgewicht der Staaten zu begründen, stimmte die Beobachter optimistisch. Denn wenn das Ergebnis neue Unterdrückung statt Gleichgewicht unter Vermeidung übermäßiger Gebietsabtretungen der Verlierer sein sollte, so wäre der Keim für die nächsten kriegerischen Auseinandersetzungen gelegt. Aber es war noch zu früh zu jubeln; denn die kritische Phase der Verhandlungen war zu erwarten, wenn bei der Konkretisierung der Gebietsansprüche Russlands und Preußens zu Lasten der Verlierer Polen und Sachsen das Augenmaß verloren gehen würde, wenn die Sieger Beute machen wollten und die friedensstiftende Bedeutung der Mäßigung aus dem Blick geraten würde.

Wenig Begeisterung konnte bei den reformorientierten Beobachtern auch die Rolle erwecken, die der Grundsatz der Legitimität in den Verhandlungen des Wiener Kongresses spielte. Verstand man doch darunter weniger, dass Annexionen oder Landraub nicht akzeptiert werden sollten, sondern die Wiedererrichtung der alten Dynastien, soweit sie unter Napoleon abgeschafft worden waren. Das aber war gleichzusetzen mit dem Bestreben, so viel wie möglich in ganz Europa von dem Prinzip der absoluten Monarchie zu retten. Und noch schlimmer schien, dass unter den wesentlichen Beteiligten auch die Bereitschaft wuchs, in anderen Ländern militärisch zu intervenieren, wenn deren Monarchien durch Revolutionen gefährdet wurden. Das hatten ja Preußen und Österreich vor Napoleon gegenüber dem revolutionären Frankreich praktiziert und waren somit nicht ganz unschuldig an den folgenden napoleonischen Kriegen. Wenn sich Vergleichbares wiederholen würde, könnte jede neue republikanische Entwicklung in einem europäischen Land wieder einen Krieg auslösen. Im Übrigen würde eine Armee von Freiwilligen für solche Interventionen weniger geeignet sein als eine Söldnerarmee, so dass auch die Bereitschaft zum Eingreifen in die innere Ordnung anderer Staaten einer Armeereform entgegenstand, wie sie Major von Reiche und seinen Freunden vorschwebte.

7. Kapitel: Napoleons Rückkehr und neuer Krieg

Die Verhandlungen des Wiener Kongresses, auf deren Ergebnisse ganz Europa wartete, zogen sich hin. Zu Beginn des Jahres 1815 deutete sich noch kein Ende an. Dann geschah etwas, woran in Europa außer Napoleon wohl nur Träumer gedacht haben mochten: Am 1. März 1815 landete Napoleon mit einigen Schiffen und etwa eintausend Soldaten – von Elba kommend – in der französischen Hafenstadt Antibes. Seine Fantasie und seine Selbsteinschätzung hatten gereicht, um trotz der äußerst geringen Möglichkeiten des Inselherzogtums Elba eine militärische Aktion in Gang zu setzen, mit der er den Rest Europas nochmals herausforderte.

Mit seiner kleinen Truppe marschierte er auf Grenoble zu. Vor den Toren dieser Stadt traf er auf französische Truppen, die er für sich gewann. Auch die Garnison in Grenoble trat zu Napoleon über. Der französische König Ludwig XVIII. schickte den inzwischen in königlichen Diensten stehenden Marschall Ney Napoleon entgegen, um Napoleon gefangen zu nehmen. Ney lief jedoch zu seinem alten Kaiser über. Damit war endgültig der Damm des Widerstandes gegen den anrückenden Napoleon gebrochen. König Ludwig XVIII. floh aus Paris. Napoleon gewann das gesamte französische Militär für sich und agierte wieder als Kaiser der Franzosen. Er baute erneut eine französische Armee auf, und die Mehrheit des Volkes folgte ihm.

Während dieser Ereignisse hielten sich Major von Reiche und Wilhelm Hindersinn für einige Tage auf Gut Germenseel auf, um an einer Trauerfeier für den plötzlich verstorbenen Karl von Rodenberg teilzunehmen.

Johanna und Wilhelm genossen das Wiedersehen. Beide zog es an den Ort ihres ersten gemeinsamen Spazierganges. „Gehen wir", sagte Johanna, und Wilhelm fügte – ihre Gedanken erahnend – an: „zum Wyler Meer". Sie ließen sich von der Harmonie ihrer Gedanken führen und vergaßen – wie damals – alles, was um sie herum war. Es begann zu regnen, aber das störte das Liebespaar nicht. Im

Gegenteil: Solange sie mit sich und den Unbilden des Wetters beschäftigt waren, brauchten sie sich nicht den Fragen zu stellen, die ihnen die Folgeereignisse der Rückkehr Napoleons aufzwingen würden. Glücklich kehrten sie nach Gut Germenseel zurück. Frau von Reiche nahm sichtlich Anteil an dem Glück der jungen Leute. „Welch ein glückliches Paar, ich freue mich schon jetzt auf Eure Hochzeit", begrüßte sie die beiden völlig durchnässten Heimkehrer.

Der folgende Tag brachte dann, was kommen musste. Johanna fragte Wilhelm: „Wirst Du wieder in den Krieg gehen müssen?" Wilhelm schwieg lange und antwortete dann: „Wir wissen, dass Preußen, Großbritannien, Österreich und Russland Truppen für den erneuten Kampf gegen Napoleon stellen werden und die anderen europäischen Mächte sie unterstützen. Napoleon soll dieses Mal endgültig vernichtet werden. Ich werde mit den preußischen Truppen ins Feld ziehen müssen. Wir wissen noch nicht, wo und wann es zum Kampf kommen wird. Das hängt davon ab, wo Napoleon sich einer Schlacht stellen wird. Sicherlich wird das in der Ebene des Nordens sein. Er hat im Vergleich zu seinen früheren Feldzügen nur eine recht kleine Armee zur Verfügung, und er wird nicht das Risiko eines unübersichtlichen oder gar bergigen Geländes eingehen, das ihn besonders vielen Angriffen durch feindliche Jäger hinter den Linien aussetzen würde".

Johanna schluchzte und versprach Wilhelm: „Ich werde jeden Tag beten, dass der kommende Krieg schnell zu Ende geht und dass ich Dich danach wieder wohlbehalten in meine Arme schließen kann." Wilhelm spürte, wie die Liebe zu ihm Johannas Gedanken leiteten, und das machte ihn glücklich. In seiner Seele aber kämpfte dieses Glück mit tradierten Vorstellungen darüber, was er Johanna als künftiger Ehemann schuldig sein würde. Nach diesen Vorstellungen konnte er von Johanna nicht erwarten, dass sie ihn heiraten würde, wenn er verkrüppelt aus dem Krieg heimkehren würde und deshalb vielleicht nie eine Familie würde ernähren können. Schließlich brachte er es mit Ernst und trauriger Stimme heraus: „Johanna, wenn ich als Invalide aus dem Krieg zurückkommen sollte, befreie ich Dich von Deinem Eheversprechen." Das hatte

Johanna nicht erwartet. „Nein“, rief sie und fiel ihm weinend um den Hals. Nichts hatte diese tapfere Frau bisher so ins Mark getroffen, wie dieser Satz ihres Verlobten; nicht die zweimalige Flucht und auch nicht das Leben im Versteck mit dem erniedrigenden Gefühl der Hilflosigkeit und der ständigen Angst vor den französischen Gendarmen. All das hatte ihr letztlich der rücksichtslose Eroberer Napoleon angetan. Sie hatte es ertragen, sich auf ihre Weise gewehrt und überlebt. Und jetzt drohte sein letzter menschenverachtender Kriegszug ihr den Geliebten zu entreißen, den einzigen Menschen, den sie noch den ihren nennen konnte, die Hoffnung ihres Lebens.

Mit einem Male fühlte Johanna die Kraft in sich, die ihr schon so oft in schweren Stunden kurz vor der Verzweiflung zugewachsen war. Sie sah Wilhelm an und sprach: „Wilhelm, ich werde Dich heiraten, wenn Du aus dem Krieg zurückkommst, wohlbehalten oder als Invalide. Verspreche auch Du mir dasselbe. Ich bin bereit, mit Dir in Armut zu leben. Ich werde als Magd arbeiten, wenn Gott es will. Wir werden leben und uns lieben. Wir dürfen es nicht zulassen, dass dieser Tyrann durch seine Kriegswütigkeit auch noch zur Ursache dafür wird, dass wir uns entzweien und unserer Liebe beraubt werden. Wilhelm! Glaube mir: Mein Herz ist stärker als die Macht Napoleons.“

Wilhelm waren die Tränen in die Augen getreten. Johanna war nicht nur eine mutige Frau. Sie war auch eine große Liebende, und ihre große Liebe galt ihm. Wie konnte er da zurückstehen. Er antwortete ihr fast feierlich mit fester Stimme: „Johanna, ich werde Dich heiraten, wenn ich aus dem Krieg zurückkomme, auch als Invalide“.

Wilhelm hatte dieses Versprechen nicht ohne inneren Kampf abgegeben. Er hatte in sich selbst die Vorstellung niederkämpfen müssen, dass ein Mann ohne wenn und aber nur dann heiraten kann, wenn er die künftige Familie ernähren kann. Johannas Worte hatten ihm jedoch klar gemacht, dass auch solche Konventionen in Zeiten der Not und des Umbruchs zu überdenken waren. Vor allem erkannte er, dass es in dieser Stunde des Ringens um das gemeinsame Glück nicht angemessen gewesen wäre, vor Konventionen zu kapitulieren. Es ging hier um mehr! Wilhelm hatte eine neue und mutige, aber auch riskante Sicht der Dinge, die auf sie zukommen würden, nicht nur akzeptiert. Er hatte sich diese Gedanken auch zu Eigen gemacht.

Frau von Reiche und ihr Mann hatten sich ebenfalls über den absehbaren neuen Krieg gegen Napoleon unterhalten. Dem reiferen Alter des Ehepaars entsprechend, war diese Unterhaltung weniger leidenschaftlich verlaufen als das Gespräch zwischen Johanna und Wilhelm. Aber auch Frau von Reiche empfand – ähnlich wie Johanna –, dass der zurückgekehrte rücksichtslose Kriegsherr in ihr persönliches Leben einzugreifen drohte, ihr den Mann und dem Sohn den Vater entreißen könnte, und hierfür wies sie ihm die Schuld zu. Major von Reiche hatte noch nie zuvor erlebt, dass seine Frau sich so vehement zu militärischen und politischen Angelegenheiten äußerte, wie in ihren Verwünschungen Napoleons.

Der Zorn auf Napoleon und der Gedanke, wie man ihn vernichten könnte, beherrschte die beiden Frauen gleichermaßen. So kam dieses Thema zwangsläufig mit urwüchsiger Gewalt bei einem Abendessen zur Sprache, das vor der Abreise des Majors und Wilhelms mit den verbliebenen Teilnehmern des Gesprächkreises ‚Gut Germenseel' stattfand. Pastor Neumann würdigte zunächst den verstorbenen Karl von Rodenberg und erinnerte an die Aufbruchstimmung, die im vergangenen Sommer die Verlobung von Johanna und Wilhelm sowie die Diskussionen des Gesprächskreises gestiftet hatten.

Ohne die sonst üblichen Präliminarien wandte sich Frau von Reiche dann mit der Frage an Pastor Neumann: „Ist es nicht an der Zeit, zum Attentat auf Napoleon aufzurufen. Der Tyrannenmord muss doch spätestens jetzt erlaubt sein, bevor Napoleon nochmals zehntausende Menschen und vielleicht noch mehr in Tod und Elend reißen kann, nur um seine Ruhmsucht und seinen Machtwillen zu befriedigen".

In Pastor Neumanns Seele rangen zwei starke Kräfte miteinander. Die Rückkehr Napoleons hatte auch ihn schockiert. Deutlich traten die Bilder vor seine Augen, die es bei einem erneuten Waffengang wieder geben würde: Trauernde Witwen, weinende Waisen und nicht zuletzt die Leiden der Kriegsversehrten. Er war und blieb aber auch ein Mann der Kirche, und eine innere Stimme riet ihm, sich stets daran zu erinnern und sich zur Besonnenheit zu zwingen: Auch wenn er in diesem Fall keine Moral erkennen konnte, die gegen den Tyrannenmord sprach, musste man sich sehr wohl überlegen, ob die Risiken eines Anschlages auf Napoleons Leben in Kauf genommen werden sollten. Schließlich hatte es schon zwei bekannte Attentatsversuche auf Napoleon gegeben, die beide scheiterten. Er entging noch als erster Konsul im Jahre 1800 einem Attentat mit einer so genannten Höllenmaschine, einem mit Pulver und Metallteilen gefüllten Fass, das man bei der Vorbeifahrt seiner Kutsche zur Explosion brachte. Im Jahre 1809 versuchte ein deutscher Student, ihn in Schönbrunn zu töten. Er wurde entdeckt. Pastor Neumanns Antwort an Frau von Reiche spiegelte seinen inneren Zwiespalt wider:

„Ich meine auch, dass der Mord des Tyrannen Napoleon jetzt erlaubt sein müsste. Dennoch würde ich nicht dazu aufrufen. Ich bin wie Sie Partei gegen Napoleon. Ich versuche mich zu kühler Analyse zu zwingen, wie ich es bei Ihrem Gatten so häufig bewundert habe. Ein Attentat auf Napoleon wird künftig vermutlich ebenso misslingen, wie die vorangegangenen Attentate gescheitert sind. Vor allem aber würden Attentatspläne bei den gegenwärtigen Herrschern Europas keine Unterstützung finden. Sie werden wohl kaum die christlichen Überlegungen zum Tyrannenmord teilen, sondern jegliches Attentat auf einen Herrscher ablehnen. Sie werden fürchten, dass es sie selbst treffen könnte, wenn es erst einmal gelungen sein sollte, einen zeitgenössischen Herrscher durch Tyrannenmord zu beseitigen.“

Major von Reiche sprang dem Pastor bei, weil er einerseits spürte, wie sehr er die meisten Anwesenden einschließlich seiner Frau enttäuscht hatte, andererseits jedoch den Realismus des Pastors in dieser Situation als die einzig vernünftige Haltung ansah. So fügte er hinzu: „Der Standpunkt von Pastor Neumann beschreibt eine für uns alle schmerzliche Situation. Aber er ist vernünftig und verantwortungsvoll. Wir wollen, dass Napoleon so bald wie möglich besiegt wird. Dazu ist Einigkeit aller europäischen Verbündeten in einer antinapoleonischen Koalition die wichtigste Voraussetzung. Diese Einigkeit aber würde durch öffentliche Bestrebungen eines Attentats auf Napoleon in Frage gestellt und damit die Gegner Napoleons schwächen. Wenn wir aber die Einigkeit der antinapoleonischen Koalition erhalten, wird Napoleon bei den geänderten zahlenmäßigen Kräfteverhältnissen den neuen Anlauf zum Krieg nicht siegreich beenden können. Er wird allenfalls das eine und das andere Schlachtfeld nochmals als Sieger verlassen können.“

Die düsteren und hilflosen Blicke der Anwesenden zeigten, dass sie die Ausführungen des Majors als so etwas wie ein Machtwort ansahen. Es drängte Major von Reiche deshalb nochmals um Verständnis zu werben: „Wir wollen dazu beitragen, uns nicht selbst durch Uneinigkeit oder mangelnde Disziplin zu schwächen“, begann er und fuhr fort, „deshalb wollen wir uns noch einmal hinter unseren König und unsere Generalität stellen. Wilhelm Hindersinn und ich werden morgen wieder zum preußischen Heer nach Paris aufbrechen. Aber auch wir sind der unnützen Kriege der europäischen Völker müde und werden alles daran setzen, bald zurückzukehren, um dann einer zivilen Beschäftigung nachzugehen. Wir Soldaten bitten unsere Frauen und Familien, noch einmal mit uns durchzuhalten“.

Die hilflose Niedergeschlagenheit vom Vorabend lastete noch auf den Gemütern, als Major von Reiche und Wilhelm Hindersinn am folgenden Morgen verabschiedet wurden. Frau von Reiche zeigte ein versteinertes Gesicht. Anders als sonst vermochte sie sich auch nicht die Andeutung eines Lächelns abzuringen, mit dem sie so oft eine Gesellschaft aufgemuntert hatte. Ihre Augen blickten starr ins Leere. Auch Johanna schien nur noch aus Disziplin zu bestehen. Während üblicherweise ihr offener Blick aus den großen Augen Kraft und Zuversicht und ihr Lächeln mit leicht nach oben gezogenen Mundwinkeln Zufriedenheit ausstrahlten, war ihr Gesicht heute ein Ausdruck des Leidens: stumpf, ernst und gealtert. Nur ein paar stille Tränen rannen den Frauen über die Wangen, als sie ihre Männer zum Abschied umarmten. Dann wurden sie wieder in die Ungewissheit des Wartens gestoßen, das ihnen jetzt unsinniger und grausamer als jemals zuvor erschien.

Noch im März 1815 hatten Großbritannien, Preußen, Österreich und Russland vereinbart, für den gemeinsamen Kampf gegen Napoleon Truppen in der Stärke von insgesamt siebenhunderttausend Mann bereitzustellen. Solch einem großen Heer hatte Napoleon nur sein rasch aufgebautes rein französisches Heer von etwa einhundertfünfundzwanzigtausend Mann entgegenzusetzen.

Napoleon aber wusste, dass die verbündeten Heere getrennt geführt wurden und dass nur Großbritannien und Preußen rasch kampfbereite Truppen in Frankreich in Stellung bringen konnten. Er musste also zuschlagen, bevor österreichische und russische Truppen in Frankreich erschienen. Und außerdem durfte er nicht warten, bis Briten und Preußen die französische Armee angriffen. Er plante einen Präventivschlag, sobald seine Armee einsatzbereit war. Über Spitzel aus den Niederlanden wusste er, dass die verbündeten Preußen und Briten zwei große Heeresgruppen in Belgien zusammenziehen würden: die britische Streitmacht mit etwa einhunderttausend Soldaten aus Großbritannien, den Niederlanden und verschiedenen deutschen Staaten unter dem Herzog von Wellington nahe Brüssel und eine preußische Armee von etwa einhundertfünfzehntausend Soldaten unter Feldmarschall von Blücher nahe Lüttich. Darauf baute er seine Planungen auf. Er setzte sein Heer in Marsch und führte es am 15. Juni 1815 bei Charleroi über die Sambre. Ihm standen im Nordwesten bei Ligny die Preußen und im Nordosten hinter Quatre Bras die Briten gegenüber. Napoleons Ziel war es, eine Vereinigung von Briten und Preußen zu verhindern und die Preußen vernichtend zu schlagen, um sich anschließend gegen die Briten zu wenden. Er ließ deshalb am 16. Juni den linken Flügel seiner Armee auf Quatre Bras zumarschieren, um die Briten am Vorrücken auf Ligny und an der Vereinigung mit den Preußen zu hindern. Das gelang ihm. Der rechte Flügel griff gleichzeitig die Preußen an, und im Zentrum kämpfte mit Verzögerung eine Heeresgruppe unter Napoleons Kommando gegen die Preußen. Die Kämpfe waren auf beiden Seiten äußerst grausam und verlustreich. Napoleon verließ das Schlachtfeld bei Ligny als Sieger. Aber er hatte sein Ziel, nämlich die Vernichtung der preußischen Armee, nicht erreicht.

Unter General von Gneisenau, der den verwundeten Feldmarschall von Blücher vertrat, gelang den Preußen ein geordneter Rückzug und die Neuformation am folgenden Tage. Das hatte zur Folge, dass das preußische Heer am 18. Juni in der Lage war, den britischen Truppen auf dem Schlachtfeld bei Waterloo – wenn auch verspätet – zur Hilfe zu kommen. Die Vereinigung von Preußen und Briten in Waterloo war dann entscheidend für die vernichtende Niederlage Napoleons, der seine Gefangennahme und Verbannung als Kriegsgefangener Großbritanniens auf die Atlantikinsel Sankt Helena folgten.

Ein Sieg Napoleons in Waterloo wäre durchaus denkbar gewesen, wenn der Zufall die unvermeidlichen militärischen Führungs- und Kommunikationsfehler auf beiden Seiten etwas anders verteilt hätte. Es war also ein knapper Sieg der Verbündeten, und es war im wahrsten Sinne ein glücklicher Sieg. Denn bei einem Sieg Napoleons in Waterloo wäre das Gemetzel weitergegangen, sobald die Truppenkontingente der Österreicher und Russen in Frankreich eingetroffen und die Verbände der Briten und Preußen neu formiert gewesen wären.

Doch was die Chronisten nicht ohne Grund einen glücklichen Sieg nennen, war für die Angehörigen von mehreren zehntausend Toten und schwer Verwundeten aller beteiligten Streitkräfte eine Lebenskatastrophe und stürzte viele in Elend und Hoffnungslosigkeit. Trauer und Verzweiflung drückte zunächst auch diejenigen nieder, die zwar später aufatmen konnten, weil ihre Männer, Väter und Söhne überlebt hatten, die jedoch wegen der mangelhaften organisatorischen Verhältnisse nach der Schlacht von Waterloo lange auf ein Lebenszeichen ihrer Angehörigen warten mussten.

Auch Johanna und Frau von Reiche warteten nach dem 18. Juni sehnlichst auf Nachrichten von Wilhelm und vom Major. Es verging eine Woche und eine weitere Woche ohne ein Lebenszeichen von den beiden. Anfang Juli traf Major von Reiche jedoch schon wohlbehalten in Germenseel ein. Der Brief mit seiner Überlebensbotschaft war noch nicht eingetroffen. Auch wusste er nichts über Wilhelms Schicksal.

Die preußische Armee hatte nach dem Aufmarsch am 15. Juni sowie den beiden folgenden Schlachten am 16. und 18. Juni die Verfolgung des fliehenden napoleonischen Heeres ohne Verzug aufgenommen. Die Funktionsfähigkeit von Heeresverwaltung und Feldpost hatte dabei erheblich gelitten. Neben der Verfolgung der Franzosen galt es zunächst einmal, die Verwundeten zu versorgen sowie Verpflegung heranzuschaffen. Alle anderen Aufgaben wurden hintangestellt. Das von Reichesche Regiment war so dezimiert worden, dass die verbliebenen Soldaten auf andere Verbände aufgeteilt wurden, keiner aber hatte einen halbwegs zuverlässigen Überblick, wer überlebt hatte, und wer sich wo befand.

So bangte Johanna weiter um ihren Wilhelm. Nachts fand sie kaum Schlaf, und wenn sie die Müdigkeit überwältigt hatte, schreckte sie plötzlich schweißgebadet aus ihren Angstträumen auf. Das zehrte an ihren Kräften, und Frau von Reiche merkte eines Morgens, dass sie stark fieberte. Sie musste das Bett hüten. Die Majorsfrau ließ sie von einem Arzt behandeln, der jedoch nur Abwarten und die Anwendung von Hausmitteln verordnen konnte. Genesung konnte nur eine gute Nachricht von Wilhelm bringen. Frau von Reiche pflegte Johanna mit großer Gewissenhaftigkeit und Zuwendung, wie sie es schon einmal in Berlin getan hatte. Sie hatte nicht vergessen, wie Johanna ihr beigestanden hatte, als sie in Berlin nach den Schlachten bei Leipzig auf eine Nachricht von ihrem Mann wartete.

Als Major von Reiche am 11. Juli wieder von Germenseel abreiste, gab Johanna ihm einen Brief mit, damit er ihn Wilhelm übermitteln möchte, wenn er ihn ausfindig machen konnte. Aufgrund der aktuellen Erfahrungen mit der Feldpost musste man ja vermuten, dass Johannas letzte Briefe Wilhelm nicht erreicht hatten.

Endlich traf ein Brief von Wilhelm ein. Es war der 20. Juli 1815. Mit zitternden Händen erbrach Johanna den Brief. Ihre Anspannung steigerte sich so, dass sie sich zum geordneten Lesen der Zeilen zwingen musste. Doch welche Enttäuschung: Der Brief war mehr als einen Monat unterwegs gewesen. Er datierte vom 12. Juni, und konnte keine Auskunft darüber geben, ob Wilhelm die Schlachten vom 16. und 18. Juni in Ligny und Waterloo überlebt hatte. Sie schrieb sofort einen weiteren Brief an Wilhelm. Dass sie ihm nochmals ihre Liebe und Treue versichern konnte, tröstete sie ein wenig. Sie vergaß auch nicht, Wilhelm zu bitten, einen Brief an Major von Reiche zu schreiben, wenn er es eben könne, weil auch dieser sich Sorgen um ihn machte. Die Qual des Wartens in Ungewissheit lastete weiterhin auf Johannas Gemüt. Sie war erkennbar gealtert und freudlos. Freude, Kraft und Zuversicht kehrten erst mit der befreienden Nachricht zurück. Am 30. Juli hielt Johanna wieder einen Brief von Wilhelm in Händen. Er datierte vom 23. Juni und enthielt die glückliche Botschaft: Wilhelm hatte unversehrt überlebt. Die Strapazen der Schlachten und der anschließenden Verfolgung der französischen Armee hatten allerdings alles in den Schatten gestellt, was Wilhelm bisher im Kriege erlebt hatte.

Die Logistik des Heeres war teilweise zusammengebrochen. Teile der Truppen waren tageweise ohne Essen und Branntwein. Die Munitionsversorgung hatte Vorrang. Da die Truppen mit geringen Reserven kämpften, blieben nur wenige Ruhepausen. Zwischen den Gefechten marschierten sie bis zur Erschöpfung. Und da man einen Feind hatte, der mit dem Rücken zur Wand kämpfte, wurden die Schlachten mit einer nie gekannten Rücksichtslosigkeit gegenüber den eigenen Leuten geführt: Rechtzeitiges Zurückweichen zum Schutz des Lebens der eigenen Soldaten war die große Ausnahme. Nun aber hatten Wilhelms Qualen ein Ende und ab heute auch Johannas Leiden. Sie blickte wieder in die Zukunft. Rasch kam sie wieder zu Kräften, und das Zupacken bereitete ihr wieder sichtliche Freude.

8. Kapitel: Wieder in Berlin

Mit dem endgültigen Abgang Napoleons war das Hindernis für den Friedensschluss beseitigt, den die erschöpften europäischen Völker so dringend brauchten. Verwundete und verkrüppelte Soldaten kehrten heim. Sie hatten neben den Witwen und Waisen den höchsten Preis für das letzte Aufbäumen eines notorischen Kriegstreibers zu zahlen: sie hatten am meisten zu leiden und die geringsten Zukunftsperspektiven. Ihre Verletzungen schlossen sie von vielen zivilen Tätigkeiten aus.

Alle, die das Glück gehabt hatten, die Kriege ohne größere Gesundheitsschäden zu überleben, versuchten sich irgendwie in den neuen Verhältnissen einzurichten. Und die vielen Menschen, die in den Befreiungskriegen die Bedeutung der Freiheit für die künftige Lebensgestaltung verstanden hatten, befassten sich trotz aller Geschäftigkeit mit dem Friedensschluss als Ergebnis des Wiener Kongresses und den anschließenden Verhandlungen der europäischen Großmächte über die innere Gestaltung der Länder Europas, die in der „Heiligen Allianz“ mündeten.

Sich in den neuen Verhältnissen einzurichten, hieß für Frau von Reiche und Johanna zunächst einmal, sich über die weitere Verwendung von Major von Reiche und Wilhelm Hindersinn in der preußischen Armee sowie über das Schicksal der lithographischen Pläne der beiden Männer zu informieren. Nach wie vor war die Funktionsfähigkeit der Feldpost und der Militärverwaltung des preußischen Heeres in Frankreich sehr lückenhaft, so dass die Frauen nicht damit rechnen konnten, zügig von den Männern Post zu erhalten. Sie waren gezwungen, Woche um Woche auf Gut Germenseel auszuharren und auf die entscheidenden Nachrichten aus Frankreich zu warten. Schließlich war es so weit: Major von Reiche, der inzwischen in Paris eine Wohnung bezogen hatte, ließ seine Frau, seinen Sohn und Johanna aus Germenseel abholen, um sie in Paris wieder zu sehen.

Johanna konnte nicht sicher sein, ob Wilhelm über seine bisherige Dienstadresse noch Post zugeleitet werden würde. Sie hatte gehört, dass ein Teil der preußischen Truppen bereits auf dem Rückmarsch nach Deutschland sei. Sie musste fürchten, dass es nicht zu dem ersehnten Wiedersehen in Paris kommen würde, dass Wilhelm vielmehr bei ihrer Ankunft in Paris bereits auf dem Weg nach Berlin sein würde. Sie schrieb vor lauter Verzweiflung Brief um Brief und hoffte, dass wenigstens einer Wilhelm erreichen würde.

Johanna war am 30. September 1815 in Paris angekommen. Nach fast zwei weiteren Wochen des Wartens stand Wilhelm schließlich eines nachmittags in der Tür der Pariser Wohnung des Majors. Die Freude war groß. Wilhelm standen die Strapazen der Kämpfe und der folgenden Wochen noch im Gesicht geschrieben. Sein Blick war müde geworden, und er war des Kampfes überdrüssig. Er genoss es, zwei Tage von Johanna umsorgt zu werden und malte sich mit viel Fantasie aus, wie sie in Berlin eine eigene Wohnung beziehen und eine Familie sein würden.

Wenngleich Wilhelm seit der dramatischen Szene vor seiner Abfahrt aus Germenseel im Frühjahr dieses Jahres innerlich akzeptiert hatte, dass sie auch heiraten wollten, wenn sich seine Vorstellungen über einen zivilen Broterwerb nicht erfüllen sollten, war doch für eine eigene Wohnung in Berlin eine finanzielle Grundlage unerlässlich. Und er war fest entschlossen, alles daran zu setzen, so rasch wie möglich den ersehnten zivilen Broterwerb zu finden. Dieser Broterwerb und die Familiengründung waren jetzt seine Lebensziele. Den Krieg als Beruf hatte er abgeschrieben. Am besten wäre es natürlich, so dachte er, wenn die Pläne des Majors für ein lithographisches Institut der preußischen Armee umgesetzt und beide dort eine Anstellung finden würden.

Major von Reiche ahnte, wo das junge Paar der Schuh drückte, und berichtete deshalb über den Stand seiner Bemühungen um die Gründung des lithographischen Instituts: Trotz der anhaltenden organisatorischen Turbulenzen in der preußischen Armee hatte das Militär inzwischen Pläne für eine Neuaufstellung des Generalstabes erarbeitet, der in einem gesonderten Department des preußischen Kriegsministeriums zusammengefasst werden und als eine Sektion auch ein lithographisches Institut umfassen sollte. Alles in allem schienen die Aussichten auf Errichtung dieses Instituts recht gut. Deshalb wollte der Major auf jeden Fall bis auf weiteres preußischer Offizier bleiben, um sich zu gegebener Zeit aus dieser Position heraus für die Leitung des angestrebten Instituts zu bewerben und Wilhelm als technischen Leiter zu empfehlen.

Wenn das alles einigermaßen planmäßig verlaufen würde, wäre ein angemessener Broterwerb für die künftige Familie Hindersinn gesichert. Aber bei allem Verständnis für den Wunsch einer raschen Familiengründung, so dämpfte der Major die aufkommende Euphorie, müsste das Paar wohl noch knapp zwei Jahre warten.

Für den Fall, dass die Pläne zur Errichtung des lithographischen Instituts wider Erwarten nicht verwirklicht werden sollten, hatte Major von Reiche auch schon Überlegungen angestellt. Er wollte dann mit Wilhelm gemeinsam gewerblich in der Lithographie tätig werden. Wegen des dann erforderlichen Kapitals hatte er bereits mit den Buchhändlerfamilien Perthes in Hamburg und Gotha Verbindung aufgenommen, die er aus seiner Hamburger Zeit als Offizier in der von Tettenbornschen Armee kannte.

Der Bericht des Majors gab Johanna und Wilhelm neue Zuversicht. Sie waren ihm für seine Sorge sehr dankbar. Am folgenden Tage nahmen sie schweren Herzens – aber gestärkt für das erneute Warten – Abschied voneinander. Wilhelm musste zu seiner Einheit zurückkehren, und bald würde die Truppe nach Berlin in Marsch gesetzt werden.

Wilhelm ging zielstrebig seinem Standort Neuilly St. Front entgegen. Er lief erkennbar leichtfüßig und eher wie ein Wandersmann. Seinen leichten Gang begleitete ein beschwingter Geist, der sich in den schönsten Farben die Zukunft ausmalte. Und je länger und schöner er an den Zukunftsbildern malte, umso größer wurde der Drang, sich mit einem Schlage aus allen Bindungen zu lösen, mit denen der Krieg ihn gefesselt hatte. Er sehnte sich danach, zu Johanna umzukehren und mit ihr nach Berlin zu wandern, um dann mit Gottvertrauen irgendetwas anzufangen. Nach einiger Zeit erschrak Wilhelm selbst über seine Träumereien. Er war ein erwachsener Mann, der im Begriff war, demnächst Verantwortung für eine Familie zu übernehmen, und der sollte nicht einfach seinen Träumen folgen. Also vertrieb er den schönen Traum aus seinen Vorstellungen, zwang sich bewusst auf den Weg zu achten und wanderte ernüchtert weiter.

Doch dann war er wieder da, der Traumgeist, der wieder drängte, die Fesseln zu sprengen: Wilhelm plagte der Gedanke, dass in seiner neuen Einheit nicht der vorbildliche Geist herrschte wie bei den von Reicheschen Jägern. Und vor allem war sein neuer Regimentskommandeur kein Charakter vom Format eines Majors von Reiche. Die Achtung des Soldaten durch den Vorgesetzten war in dem neuen Regiment nur Lippenbekenntnis, nicht jedoch gelebte Wirklichkeit. In Wilhelm machte sich das Gefühl breit, dass die überkommene Ordnung des Militärs nicht die Ordnung der Zukunft sein könnte. Die Ordnung der Zukunft, die auch auf kommende Generationen blickt, erschien ihm die der Familie zu sein. Dahin strebte er. Er empfand plötzlich eine Unlust weiterzulaufen und zu seiner Einheit zurückzukehren. Er rastete eine Weile, zwang sich jedoch bald weiterzulaufen und auf den Weg zu achten. Er dachte an die versteckte Empfehlung des Majors von Reiche, sich durch das Verbleiben bei der Armee die Möglichkeit einer Anstellung bei dem zu gründenden lithographischen Institut offen zu halten. Das musste er allein aus Liebe zu Johanna befolgen.

Während Wilhelm seinen Zukunfts- und Befreiungsträumen freien Lauf gelassen hatte, musste es geschehen sein: Er war an einer Kreuzung falsch abgebogen und musste zurücklaufen. Er traf mit mehreren Stunden Verspätung in Neuilly St. Front ein und meldete sich bei seinem neuen Major mit dem Hinweis, er sei in dem unbekannten Land vom richtigen Weg abgekommen. Dabei sah er den Major mit festem Blick an, so dass dieser selbst von einem Tadel absah.

Wilhelm schrieb Johanna einen Brief von seiner verspäteten Ankunft in Neuilly St. Front, vermied es jedoch, von seinen Träumereien zu berichten. Er spielte zwar mit diesem Gedanken, stellte jedoch fest, dass es ihm gar nicht so leicht fiel, so etwas zu Papier zu bringen. Außerdem wusste er nicht, ob Johanna nicht erschrecken würde, wenn sie mit einem Mal einen Wilhelm kennen lernte, der zu Träumereien neigt. Und Wilhelm hatte in den nächsten Wochen keine Gelegenheit, in Anwesenheit Johannas falsche Eindrücke zu berichtigen sowie ihr verständlich zu machen, dass es ja seine Liebe war, die aus allem auszubrechen trachtete, was nicht sofort zu ihr führte.

Zu Beginn des Jahres 1816 war Wilhelm mit seiner Einheit in die Heimat zurückgekehrt. Der Major war inzwischen auch wieder in Berlin. Mit großer Freude wurde Wilhelm im Hause von Reiche empfangen. Nach Jahren der Gefahren, Ängste und Entbehrungen war man wieder glücklich versammelt und wollte gemeinsam die Zukunft angehen. Natürlich brannten Johanna und Wilhelm darauf, die Sprache auf den Hochzeitstermin zu bringen. Die besondere Rolle, welche von Reiches mittlerweile für sie beide spielten, verlangte ihnen jedoch Zurückhaltung ab. Deshalb war die Freude groß, als der Major von sich aus auf den Stand der Arbeiten für die Errichtung des lithographischen Instituts zu sprechen kam.

Die Vorbereitungen für die Gründung dieses Instituts liefen planmäßig. Seit der Major über den Stand der Arbeiten bei ihrem letzten Zusammentreffen in Paris im Oktober vorigen Jahres berichtet hatte, hatte es keine nennenswerten Verzögerungen gegeben. Es war inzwischen so gut wie sicher, dass im Verlaufe des Jahres 1817 Major Reiche Leiter und Wilhelm Oberdrucker des neuen Instituts werden würden. Bis zur endgültigen Entscheidung – so der Major – müsse man jedoch warten. Er wäre aber so optimistisch, dass man jetzt schon einmal über den Hochzeitstermin sprechen könnte. Er würde den Spätsommer oder Herbst 1817 als geeigneten Termin ansehen. Sobald die letzten Vorbehalte für die Anstellung von Wilhelm sich erledigt hätten, wollte der Major das Paar wieder unterrichten, damit dann die Vorbereitungen für einen eigenen Hausstand und die Hochzeit aufgenommen werden könnten.

Johanna und Wilhelm bedankten sich überschwänglich und fragten, wie sie all die wohlwollende Sorge der Familie von Reiche wieder vergelten könnten. Der Major antwortete, er könnte alles nur als vielfach vergolten ansehen, weil er ein Patriot sei und es als Ehre ansehe, sich um Helden zu kümmern, die ihr Leben für das Vaterland eingesetzt hatten und es im Zweifel auch wieder tun würden. Er habe aber die Bitte an das junge Paar, weiterhin in einem Kreis mit ihm und seinen Freunden in patriotisch freiheitlichem Geist vereint zu bleiben. Demnächst werde er wieder seine alten Freunde Friedrich von Stägemann, Oberkonsistorialrat Nolte sowie Friedrich Ludwig Jahn zu Gast haben und auch Wilhelm und Johanna herzlich zu diesem Abend einladen. Sie möchten so etwas wie das frische Blut in diesem Kreis werden.

Wilhelm dankte für die Ehre dieser Einladung und fügte hinzu, die Gespräche in Germenseel – vor allem aber die letzte Zusammenkunft vor den Schlachten von Ligny und Waterloo – hätten ihm klar gemacht, dass er mit seinem geistigen Rüstzeug aus Elternhaus und Schule die neue Zeit nicht mehr angemessen bewältigen könnte, weder als Patriot noch als künftiger Familienvater.

Der Major antwortete, nichts zeige besser als Wilhelms Worte die Bedeutung von patriotisch freiheitlichen Gesprächskreisen.

9. Kapitel: Nachkriegszeit

Friedrich Ludwig Jahn widmete sich nach seinem Ausscheiden aus dem Lützowschen Freikorps wieder der Förderung des öffentlichen Turnens. Er reiste viel, hielt politische Vorträge und regte die Gründung von neuen Turnvereinen an. Zum Wiedersehen im Hause von Reiche in der Mitte des Jahres 1816 brachte er als Gastgeschenk sein soeben erschienenes Buch „Die Deutsche Turnkunst" mit. Es zeigte das Spiegelbild des Turnbetriebes auf der Hasenheide in Berlin, dem ersten öffentlichen Turnplatz in Deutschland.

Das Ehepaar von Reiche begrüßte die Gäste mit besonderer Herzlichkeit. Neben Jahn waren Oberkonsistorialrat Nolte, Staatsrat von Stägemann, Johanna Stegen und Wilhelm Hindersinn erschienen. Der Major hob hervor, dass der endgültige Sieg über Napoleon und die glückliche Heimkehr einiger der Anwesenden aus dem Kriege Grund zu großer Freude seien. Dabei wusste er sehr wohl, dass die Freude über den Sieg zwar von allen geteilt wurde, aber manche negative Entwicklungen seit dem Wiener Kongress vor allem bei Friedrich Ludwig Jahn diese Freude in den Hintergrund gedrängt hatten.

So ließ Jahn denn auch gleich nach den Worten des Majors wissen, dass zwar die Befreiung von Napoleon gelungen sei, aber fast alle anderen Ziele, für die man gemeinsam gekämpft habe, nicht erreicht worden seien. Die Zusage des preußischen Königs vom Mai des letzten Jahres, eine schriftliche Verfassung zu erlassen, läge offensichtlich auf Eis. Damit seien auch die Pressefreiheit und die Redefreiheit nicht viel Wert.

Staatsrat von Stägemann war in der Verfassungsfrage sicher der kompetenteste Beamte in der preußischen Staatsregierung. Er hatte als Mitarbeiter des Staatskanzlers von Hardenberg maßgeblichen Anteil an den Bemühungen, dem König das Versprechen einer Verfassung abzuringen. Er konnte Jahn jedoch nur Realismus empfehlen, was die Aussichten auf eine Einlösung dieses Versprechens betraf: Die Verfassungszusage sei nur unter politischem Druck möglich gewesen. Mittlerweile hätten aber die beharrenden Kräfte im Landadel wieder die Oberhand gewonnen. Und der König wäre nicht dazu zu bewegen, sein Versprechen einzuhalten. Solange dieser König sich nicht in einer Zwangslage fühle, träfe er keine riskanten Entscheidungen. Er habe in Zeiten von Preußens Schwäche durch Anpassung überlebt. Er habe dabei nicht die weitsichtige und wagemutige Persönlichkeit entwickelt, die in Zeiten von Umbruch und Neubeginn voranbringen könnte.

Aber – so Staatsrat von Stägemann – in Preußen gäbe es neben dem einflussreichen konservativen Landadel weiterhin die nicht zu vernachlässigenden Reformer um von Hardenberg und von Gneisenau. Zu Recht wollten jedoch auch diese fortschrittlichen Männer nach den französischen Erfahrungen keine Revolution. Sie bevorzugten es abzuwarten, wären aber weiterhin fest entschlossen, bei nächster Gelegenheit eine Verfassung mit Gewaltenteilung durchzusetzen. Die Tatsache, dass es mit Friedrich dem Großen in Preußen schon einen weitaus liberaleren Monarchen gegeben habe als den jetzigen König, lasse es keinesfalls unmöglich erscheinen, später zusammen mit der Krone die politischen Ziele der Reformer zu verwirklichen.

Major von Reiche unterstützte den Staatsrat mit dem Hinweis auf den zwar unbefriedigenden Stand der Heeresreform, dem man aber das bereits Erreichte entgegenstellen müsse. So sei der Traum von einer Bürgerarmee aus Freiwilligen und Wehrpflichtigen vorerst gescheitert. Mit einer großenteils aus Söldnern bestehenden Armee könne der König eben mehr anfangen. Er könne eine durch Gewalt zusammengehaltene Armee auch gegen Aufruhr im Inneren einsetzen. Eine Truppe – wie die inzwischen aufgelösten – freiwilligen Jäger oder Freikorps wäre für solche Zwecke dagegen nicht zu gebrauchen. Sie hätte nicht auf ihre Landsleute geschossen. Nicht zu verkennen sei jedoch, dass viele kleine Reformen die preußische Armee inzwischen vorangebracht hätten. Die Prügelstrafe sei abgeschafft, und die Offizierslaufbahn sei nicht mehr dem Adel vorbehalten. In der Heeresorganisation wären die Fortschritte unübersehbar. Schweren Herzens hätte auch er sich damit abgefunden, weiterhin für Reformen zu arbeiten und dabei lieber Rückschläge hinzunehmen, als revolutionäres Chaos zu riskieren.

Oberkonsistorialrat Nolte hatte das Wirken von Friedrich Ludwig Jahn in der Turnerschaft und für die Burschenschaften seit langem intensiv verfolgt, und auch er wünschte der freiheitlich patriotischen Bewegung in Preußen Erfolg. Da aber auch er wusste, dass ohne den König in Preußen keine Verfassung zu realisieren war, wollte er Jahn auf einen gemäßigten politischen Pfad lenken: Solange es keine geschriebene Verfassung gäbe, komme es nun einmal auf die Rechtspraxis an. Das bedeute zwar, dass Beamte jederzeit wieder mit Rückendeckung des Königs und seiner Regierung zur Willkür greifen könnten. Jeder müsse sich aber überlegen, ob es nicht klüger sei, sich in Grenzen opportun zu verhalten, um nicht der Willkür von Behörden Vorschub zu leisten.

Jahn fühlte sich zu recht angesprochen und entgegnete auf seine Vorredner, er wisse sehr wohl, dass ihm von den eigenen Leuten vorgeworfen werde, er provoziere oft unnötig und schaffe damit Vorwände, gegen ihn vorzugehen.

Genau darum ginge es, antwortete Staatsrat von Stägemann. Friedrich Ludwig Jahn sei heute eine zentrale Figur der freiheitlich patriotischen Bewegung. Wenn er sein eigenes Werk nicht gefährden wolle, wenn er Turnvereine und Burschenschaften als Heimstädten freiheitlichen Denkens über die nächste Zeit erhalten wolle, sei es in der Tat klüger eine, gewisse Zurückhaltung zu üben. Es sei ja zurzeit so, dass die Behörden die Errichtung von Turnvereinen nicht behindern. Auch konnten im vergangenen Jahr in Jena die studentischen Burschenschaften unbehelligt gegründet werden. Bis endlich eine Verfassung vorliege, möge Jahn doch bei seinen Auftritten in den Universitäten auf Provokationen verzichten. Die begrenzten Wirkungsmöglichkeiten unter solchen Bedingungen dürften zurzeit wohl das Höchstmaß des Möglichen sein. Und es sei auf Sicht von großer Bedeutung, dass tausende von Turnern und hunderte von Burschenschaftlern ihre freiheitlich patriotische Gesinnung weiterhin pflegen könnten, auch wenn dies vorläufig ohne nennenswertes Aufsehen vonstatten gehen müsste.

Oberkonsistorialrat Nolte wusste, dass sich Jahn vor allem durch die willkürliche Aberkennung des Eisernen Kreuzes nach seinem Ausscheiden aus dem Lützowschen Freikorps im Jahre 1813 gedemütigt fühlte, und dass solche Gefühle für lange Zeit die Reaktionen emotionaler Menschen bestimmen können. Er äußerte deshalb Verständnis dafür, dass Jahn besonders empfindlich auf Willkür reagiere. Schließlich habe er diese Willkür in besonders krasser Weise bei der Aberkennung des eisernen Kreuzes erlebt. Es sei aber ein Zeichen menschlicher Größe, wenn er diesen Unmut für die freiheitlich patriotische Sache zurückstellen und den Empfehlungen des Staatsrates folgen könnte.

Frau von Reiche schloss sich der verständnisvollen Haltung des Oberkonsistorialrates an. Sie wandte sich an Jahn und drückte ihre Bewunderung für den Feuereifer aus, mit dem er für seine Ideen eintrete. Es sei sicherlich nicht ganz einfach, seine Zuhörer mitzureißen und gleichzeitig so behutsam zu formulieren, dass die Behörden keinen Grund zum Einschreiten sähen. Um der Sache willen wolle jedoch auch sie Jahn darin bestärken, sich künftig eher zurückzuhalten.

Das große Wohlwollen der Anwesenden hatte selbst den stürmischen Friedrich Ludwig Jahn nachdenklich gemacht. Es war daher nicht reine Höflichkeit, dass er auf ihren Wunsch nach Mäßigung einging. Er räumte ein, dass auch für einen Patrioten in der politischen Auseinandersetzung gelte, was für einen klugen Truppenführer selbstverständlich sei: Er dürfe nicht ohne gewissenhaftes Abwägen offensiv vorgehen. Es sei keine Schande, rechtzeitig den Rückzug zu wählen, wenn die Niederlage unausweichlich erschiene. Die rechtzeitige Sammlung der preußischen Truppen zum Rückzug durch von Gneisenau nach dem ungünstigen Kampfverlauf in Ligny sei ein gutes Beispiel dafür. Er, Jahn, würde es daher auch begrüßen, wenn Staatsrat von Stägemann darlegen würde, wie denn nach seiner Ansicht beispielhaft eine angemessene Zurückhaltung aussehen könnte.

Der Staatsrat kam diesem Wunsch gerne nach. Er erwiderte, es sei ihm aufgefallen, dass Jahns Reden und Schriften gelegentlich Gruppen von Menschen brüskieren oder provozieren, ohne dass dies der patriotischen Bewegung unter den gegenwärtigen Bedingungen Vorteile eintrüge. Er würde also empfehlen, keine anderen Gruppen ohne Not zu attackieren und keine Themen aufzugreifen, die den freiheitlichen Patrioten nicht nützten, ihnen aber unnötig Feinde schaffe oder künftige Bündnisse erschwere.

So sei nach seiner Auffassung Jahns Feldzug gegen das Lernen und Sprechen des Französischen heute nicht mehr opportun. Vielen Menschen aus deutschen Adelskreisen sei es heute peinlich, daran erinnert zu werden, dass sie lange Zeit französisch als Umgangssprache gepflegt hatten. Heute aber sei das Französische als Modesprache am Ende. Da bräuchte niemand mehr nachzuhelfen. Seitdem Wilhelm von Humboldt die Sektion für Kultus und Unterricht im preußischen Innenministerium leite, sei der beste Anwalt der deutschen Sprache an der entscheidenden Stelle. Unter Humboldt würden die Grundlagen dafür gelegt, dass der deutschen Sprache in Wissenschaft und Kultur auf natürliche Weise Geltung verschafft würde.

Wichtig sei es auch, dass Staatskanzler von Hardenberg für seine Reformbestrebungen möglichst viel Unterstützung erfahre. Das gelte besonders für das Emanzipationsedikt von 1812. Dieses Edikt gewähre Juden fast gleiche Rechte. Nur das Offizierskorps sowie die Justiz- und Verwaltungsämter seien ihnen noch verschlossen. Durch die Unterstützung dieser Reform und Vermeiden von Antisemitismus könnte man auch Juden in die nationale Bewegung einbinden. Angesichts eines fest gefügten Blocks von reformfeindlichen Konservativen seien Verbündete notwendig. Und im Übrigen sehe er nichts, was für Antisemitismus spräche. Schlechte antisemitische Traditionen seien kein Argument.

Dem pflichtete Oberkonsistorialrat Nolte ausdrücklich bei und räumte ein, dass es antisemitische Auffassungen leider auch in christlichen Kirchen noch gebe.

Schließlich – so fuhr der Staatsrat fort – sollten freiheitliche Patrioten darauf achten, dass Konflikte jeglicher Art nicht mit alten Konfessionsgegensätzen vermischt werden. Das führe leicht dazu, dass in der Wahrnehmung der Parteien der Religionsstreit das Entscheidende werde. Die Streitigkeiten würden kaum noch lösbar und ihre Ausbreitung wäre nur schwer zu kontrollieren. Man solle sich am besten stets auf die traditionelle Konfessionstoleranz des preußischen Königshauses berufen und jeder Konfession die gleichen Rechte zuerkennen. Kürzlich habe Johanna Stegen ihm eine Geschichte aus ihrer Zeit im Kleveschen erzählt, deren Konflikte sich entlang alter konfessioneller Grenzen bewegten. Vielleicht – so schlug der Staatsrat vor – könnte Johanna diese Geschichte heute Abend nochmals erzählen.

Frau von Reiche hatte Friedrich Ludwig Jahn während der Darlegungen des Staatsrates beobachtet und aus seiner Mimik gelesen, dass ihm nicht alles gefallen hatte, was ihm empfohlen worden war. Es nimmt heute Abend kein gutes Ende – so dachte sie –, wenn Jahn im Anschluss an die Ausführungen des Staatsrats nochmals von allen Seiten in die Zange genommen wird, damit er sich in Zukunft diplomatischer verhalten möge. Er hatte zweifellos verstanden, um was es ging. Nun war es an ihm zu entscheiden, was er beherzigen würde und was nicht. Sie selbst glaubte im Übrigen nicht, dass er sich vom Löwen zum Lamm wandeln würde. Gelegentliche bewusste Mäßigung erschien ihr realistisch, aber mehr auch nicht. Jedenfalls sollte es an diesem Abend nach dem Willen der Gastgeberin im Großen und Ganzen harmonisch zugehen. Dazu musste sie Jahn aus dem Zentrum der Diskussion manövrieren. Sie griff daher freudig die Anregung des Staatsrates auf, und bat Johanna die Geschichte aus dem Kleveschen zu erzählen.

„Es ist nur eine kleine alltägliche Geschichte“, begann sie. „In Kranenburg lebte eine große Mehrheit von Katholiken mit einer protestantischen Minderheit zusammen. Die katholische Mehrheit unterhielt dort eine große Wallfahrtskirche. Knapp fünf Minuten Fußweg von der katholischen Kirche war die kleine evangelische Kirche gelegen, deren Gottesdienst ich an Sonntagen besuchte. Das Gebiet gehörte bis 1795 und jetzt wieder zu Preußen. Die Katholiken – auch die niederländischen Wallfahrer – schätzten die Toleranz der preußischen Regierung. Religiöse Spannungen waren im Zusammenleben der Protestanten und Katholiken für einen Außenstehenden nicht bemerkbar. Der evangelische Pastor unterhielt sehr gute persönliche Beziehungen zu einem katholischen Priester der benachbarten Kirche.

Dass protestantische Siedler und Gewerbetreibende zugezogen waren und dabei teils weniger leistungsfähige Katholiken verdrängt hatten, war allerdings eine Tatsache. Und wenn es Auseinandersetzungen gab, bei denen zufällig ein Beteiligter Katholik und der andere Protestant war, so versuchte mitunter eine Partei, dies mit einem Konflikt zwischen Protestanten und Katholiken in der Vergangenheit zu verknüpfen, um Verbündete aus der eigenen Konfession für sich zu mobilisieren oder um von der eigenen Unzulänglichkeit abzulenken. Meister im Ausschlachten alter Konflikte zwischen Protestanten und Katholiken war die französische Gendarmerie. So auch in dem Fall des Mädchens Swantje aus der evangelischen Gemeinde, die mir ihre Geschichte einmal in ihrer Betrübnis anvertraut hatte:

Es war im Jahre 1810, als sie dem Drängen eines Müllergesellen aus Kranenburg nachgegeben und ihm versprochen hatte, sich in vier Wochen auf dem Kirchplatz der katholischen Kirche nach dem dortigen Wallfahrtsgottesdienst mit ihm zu treffen. Dann herrschte dort stets reges Treiben. Der Müllergeselle war eine ansehnliche Erscheinung, hatte die Schule besucht und war höflich im Umgang. Kurz: Er gefiel dem Mädchen. Am nächsten Sonntag nach dem Gottesdienst erzählte man bereits, sie würde sich nach dem Walfahrtsgottesdienst mit dem Müllergesellen treffen. Das Mädchen war entsetzt, dass der Müllergeselle geplaudert hatte. Sie erfuhr, dass er mit französischen Gendarmen getrunken und dabei mit dem versprochenen Treffen geprahlt habe. Es war keine Frage, dass sie mit solch einem Burschen nichts zu tun haben wollte. Und weil schon halb Kranenburg es wusste, fasste sie den Entschluss, sich ihren Eltern sofort zu offenbaren.

Die Eltern hatten ihre Hofstelle vor der Geburt des Mädchens, das ihr einziges Kind blieb, von einem katholischen Bauern gekauft, der wegen Trinkens verschuldet war. Mit diesem Bauern musste auch seine nicht verheiratete Schwester den Hof verlassen. Sie war danach als Magd bei einem anderen Bauern tätig, bekam einen unehelichen Sohn, lebte in recht kümmerlichen Verhältnissen und haderte mit ihrem Schicksal.

Als Swantje ihren Eltern berichtete, wurden diese immer bleicher, der Blick ihres Vaters verfinsterte sich, und der Mutter rannen Tränen über die Wangen. Swantje ahnte, dass die Sache eine Dimension haben musste, von der sie nichts wusste, und alle drei schwiegen nach ihrem Bericht. Es dauerte eine Weile, bis der Vater sich fasste und sagte: ‚Der Müllergeselle ist der uneheliche Sohn der Schwester des Bauern, von dem wir diesen Hof gekauft haben. Diese Schwester musste zusammen mit dem Bauern die Hofstelle verlassen. Du kannst gewiss sein, dass sie eine Heirat des Müllergesellen mit Dir anstrebt, um eine Rückkehr auf den Hof zu bewerkstelligen. Das wird es aber nicht geben können. Nach allem, was wir gehört haben, trinkt die gesamte Familie. Es ist wohl kein Zufall, dass der Müllergeselle mit den französischen Gendarmen trinkt. Auf diese Weise besorgt er sich Branntwein – gegen Informationen, wie zu vermuten ist.'

Swantje war es, als verlöre sie den Boden unter den Füßen. Sie schluchzte und war untröstlich darüber, was sie unwissentlich ihren Eltern eingebrockt hatte. Aber es war nicht damit getan, dass sie sich nicht mit dem Müllergesellen treffen und ihn künftig meiden würde.

Swantjes Vater erkannte sofort, dass ein Problem ganz anderer Art dadurch entstanden war, dass der Müllergeselle die Geschichte in seine Beziehung zu den französischen Gendarmen getragen hatte. Und da hatte er eine Befürchtung, die schnelles Handeln erforderte: Der ebenfalls evangelische Hofnachbar hatte zwei Söhne, die schon einige Zeit in dem Alter waren, in dem sie als Inhaber eines französischen Bürgerausweises zur französischen Armee hätten eingezogen werden können. Aus Gründen, die nach außen nicht genau bekannt waren, deren heikler Charakter aber auf der Hand lag, waren sie schon seit Jahren nicht von der Aushebung betroffen. Solche Verhältnisse – so viel war klar – wurden am besten nicht zum Gesprächsgegenstand bei den örtlichen Gendarmen. Nun würde das aber wohl unvermeidlich sein, denn der Müllergeselle würde dies mit Sicherheit bei allen noch zu erwartenden Verwicklungen den Gendarmen zur Kenntnis bringen. Immerhin musste er ja einen der beiden Söhne für seinen Konkurrenten halten.

Also ging Swantjes Vater sofort den schweren Gang zu seinem Hofnachbarn und klärte ihn über die Situation und die absehbaren Verwicklungen auf. Die Männer beschlossen zu handeln, bevor es zu spät war. Die Söhne des Hofnachbarn setzten sich nach Kleve in Bewegung, besorgten sich dort bei einem Agenten gegen einen ordentlichen Preis Bayerische Ausweise unter anderen Namen und setzten sich dann in die Niederlande ab, wo sie bei Freunden ihres Vaters arbeiteten. Zwar waren die Niederlande zu der Zeit auch Teil des französischen Kaiserreichs, aber als Bayerische Staatsbürger durften sie sich vor einer Rekrutierung für die französische Armee ziemlich sicher fühlen.

Nachdem dem Müllergesellen bedeutet worden war, dass er sich künftig von Swantje fernhalten möge, dauerte es keine zwei Wochen, bis beim Hofnachbarn zwei Gendarmen erschienen und sich nach den beiden Söhnen erkundigten. Sie fanden aber keine Kleidung oder andere persönliche Gegenstände der Söhne auf dem Hof, so dass sie den Hinweis, die Söhne seien seit längerem mit unbekanntem Ziel verschwunden, nicht widerlegen konnten. Die Wiederholung des Besuchs der Gendarmen am übernächsten Sonntag blieb auch erfolglos.

Der Hofnachbar bangte lange um seine Söhne. Da Briefe durch die französische Zensur geöffnet wurden, wagten die Söhne nicht, ihren Eltern Briefe mit der Post zu schicken. Der Handelsverkehr zwischen den Niederlanden und dem Klever Land war ebenfalls mit Spitzeln durchsetzt. Deshalb unterließen es die Söhne auch, durch Bekannte Botschaften persönlich zu überbringen. Es war zwar üblich, dass die katholischen Pilger aus den Niederlanden gelegentlich Briefe nach Kranenburg mitbrachten. Aber das wusste die französische Gendarmerie auch. Erst als nach der Niederlage Napoleons die französische Verwaltung aus Kleve und Kranenburg abgezogen war, kehrten die Söhne zu ihren Eltern zurück.

Sicherlich sind die Vorurteile gegen die jeweils andere Konfession bei den beteiligten Familien nicht so rasch verschwunden. Der Müllergeselle und seine Mutter werden sich zeitlebens als diejenigen sehen, die gegen die Protestanten immer verloren haben, und der Hofnachbar und seine Söhne werden ihr Unglück dem Verrat durch den katholischen Müllergesellen zuschreiben. Wenn es gut geht, werden sie ihren Kindern diese Geschichten nicht erzählen."

Inzwischen war es spät geworden. Die Kerzen waren fast abgebrannt. Major von Reiche nahm das Wort und dankte seinen Gästen für den anregenden und lebhaften Abend. Er sei glücklich – fuhr er fort –, dass sich die alten Freunde auch bei gelegentlichen Meinungsverschiedenheiten als freiheitliche Patrioten nach wie vor verbunden fühlten. Eine besondere Freude aber sei die Anwesenheit des Heldenpaares von Lüneburg gewesen. Und diesem Paar solle die nächste Zusammenkunft gelten. Er habe inzwischen die Bestätigung, dass Mitte 1817 das Lithographische Institut beim Generalstab eröffnet werde, er die Leitung übernähme und Wilhelm Hindersinn als Oberdrucker beamtet würde. Johanna und Wilhelm würden dann einen eigenen Hausstand gründen. Die Hochzeit könne in der zweiten Hälfte des nächsten Jahres stattfinden. Johanna und Wilhelm lagen sich in den Armen. Friedrich Ludwig Jahn und Staatsrat von Stägemann fühlten sich geehrt, dass sie als Trauzeugen gebeten wurden.

Sehr zur Freude von Frau von Reiche und Johanna waren die nächsten Monate auf die neue berufliche Herausforderung der Männer, die Anmietung und Einrichtung einer Wohnung für Johanna und Wilhelm sowie auf die Hochzeit als dem Höhepunkt nach den jahrelangen Leiden, Entbehrungen, Nöten und Ängsten gerichtet. Alles, was sie anfassten, hatte für die Frauen einen besonderen Sinn, und in all den Jahren hatten sie nicht so viele heitere gemeinsame Stunden genossen wie jetzt.

Endlich am 28. September 1817 war es so weit. Die Nikolaikirche in Berlin war gut besucht. Im Kirchenschiff dominierten die grünen Uniformen der ehemaligen von Reicheschen Jäger. Auf polierten goldfarbenen Uniformknöpfen blinkten herbstliche Sonnenstrahlen. Am Altar standen Pastor Pelkmann, zur Seite Wilhelm – wie seine Kameraden in der Uniform der von Reicheschen Jäger – sowie die Trauzeugen Friedrich Ludwig Jahn und Friedrich August von Stägemann.

Major von Reiche führte die Braut durch den Gang des gotischen Hauptschiffes zum Altar. Johannas ernstes Gesicht verriet ihre innere Anspannung. Dies war der Tag, an dem sich eine Wendung in ihrem Schicksal bestätigte. Die Heirat des Mannes, den sie liebte, und die Gründung einer Familie in bisher ungewohnter Sicherheit und absehbar frei von materieller Not war ein Ereignis, das so viele Jahre außerhalb ihrer Erwartung gelegen hatte, dass sie das Glück heute schier überwältigte. Es war, als schritte sie ins Paradies und könne es noch nicht begreifen.

Ihr äußerer Auftritt war schlicht und deutete die beherrschte und feste Haltung an, die sie sich in den letzten Jahren der Gefahren und Enttäuschungen anerzogen hatte. Ihr Hochzeitskleid war aus weißem Baumwollbatist, einfach, nach antikem Vorbild geschnitten. Auf ihrem nach hinten zusammengebundenen Haar trug sie einen Myrtenkranz. Als Schmuck hatte sie ein eisernes Kreuz angelegt, das ihr Prinzessin Marianne von Preußen nach ihrer Rückkehr aus Frankreich selber ausgehändigt hatte. Es trug auf der Vorderseite die Aufschrift "Victoria" und auf der Rückseite die Worte

"Paris 31. März 1814", erinnerte also an den Einzug der verbündeten Truppen in Paris. Das eiserne Kreuz war vielen Anwesenden auch als das Ehrenkreuz der Johanna Stegen bekannt. Es sollte auf den Tapferkeitsorden des Eisernen Kreuzes hinweisen, der während der Befreiungskriege vom preußischen König gestiftet worden war, jedoch Soldaten vorbehalten war. Als Zivilistin konnte Johanna dieser Orden nicht verliehen werden. Dass ihre Tapferkeit sich mit den tapfersten Soldaten messen konnte, brachte das Ehrenkreuz indes deutlich zum Ausdruck.

Pastor Pelkmann sprach in seiner Predigt von dem Glauben und dem starken Gottvertrauen, das Johanna und Wilhelm während der schweren Kriegsjahre in großen Gefahren begleitet hatte. Er wünschte dem Paar, dass Gott ihnen auch weiterhin die Gnade dieses Glaubens schenken möge, damit er in ihrem häuslichen Kreis Frucht bringe. Er kannte das Bedürfnis der Menschen, in den Zeiten des Wiederaufbaus und der Neugestaltung von der Geistlichkeit Orientierung zu erhalten, die ihnen ein wenig mehr Sicherheit gab. Diese Orientierung war wohl am wirksamsten zu vermitteln, wenn sie durch Menschen verkörpert wurde. Das Brautpaar und seine Geschichte, die vielen Tiefen und glücklichen Errettungen standen für Hoffnung und Zuversicht, wie der Pastor es nur selten erleben durfte. Er ergriff daher die Gelegenheit, vor den Gästen Bilder von Johannas Heldentat und der Verwundung Wilhelms in Lüneburg sowie seiner Kampfeinsätze in Ligny und Waterloo auszubreiten. Dann wandte er sich den Tugenden zu, die dem Paar nun in Friedenszeiten abverlangt würden. Viel Fleiß und Geduld waren notwendig, um eine Existenz aufzubauen und andere Alltagsprobleme in einem vom Krieg ausgebluteten Land zu meistern. Das Paar hatte diese neuen Aufgaben mit Zuversicht in die Hand genommen, wie so viele andere auch. Ihnen allen galt der Segen des Predigers.

Das Ehepaar Wilhelm und Johanna Hindersinn hatte die Hochzeitsgäste tief bewegt. Alle hatten gespürt, dass viele glückliche Fügungen an diesem Tag zusammengeflossen waren, und dass diese Hochzeit ein Symbol eines Neuanfangs in Frieden nach einem langen zerstörerischen Krieg war. Für die Freunde – vor allem für den Kreis um Major von Reiche und Friedrich Ludwig Jahn – verkörperte das Paar zudem den Willen, bei allen drohenden Widrigkeiten an der patriotischen und freiheitlichen Gesinnung festzuhalten.

Noch sah es so aus, als würden die Patrioten darauf setzen können, dass die Aktivitäten der Turner und der Burschenschaften geduldet würden. Vor allem Friedrich Ludwig Jahn schöpfte seinen Spielraum bis zur Neige aus. Die klaren, wohlmeinenden Mahnungen zur Mäßigung, die der Staatsrat von Stägemann im Hause von Reiche an ihn gerichtet hatte, schlug er in den Wind. Vielleicht aber hatte ihn auch eine Gemütslage ergriffen, wie sie bei Idealisten häufig anzutreffen ist. Sie sind von ihren Ideen nicht nur überzeugt, sondern gar berauscht. Dieser Rausch gibt ihnen die Kraft, sich immer wieder an den Realitäten zu reiben, aber dieser Rausch macht auch ihre öffentliche Wirkung aus. Er gibt zu erkennen, dass sie innerlich brennen und andere anstecken wollen.

Kurz nach der Hochzeit von Johanna und Wilhelm – im Oktober 1817 – fand das Wartburgfest statt. Es war ein Höhepunkt der deutschen patriotischen Turnerbewegung, die zu diesem Zeitpunkt über einhundert Turnplätze unterhielt. Aber dieser Höhepunkt trug schon den Keim eines Wendepunktes in sich, nicht zuletzt wegen der Maßlosigkeit und Übertreibungen Jahns und seines Schülers Maßmann, die die treibenden Kräfte der Bücherverbrennung auf diesem Fest waren. Einstweilen aber überwog noch der große Zuspruch, den Jahn bei Patrioten und Freunden der Freiheit fand. Die Universitäten Kiel und Jena verliehen ihm die Ehrendoktorwürde, in Berlin hielt er weiterhin Vorträge über deutsches Volkstum.

Im August 1818 traf der Freundeskreis um Major von Reiche wieder mit Friedrich Ludwig Jahn zusammen. Anlass war die Taufe des ersten Kindes von Johanna und Wilhelm Hindersinn. Es war ein gesundes Kind, ein Sohn, den sie Johann Friedrich Ludwig nannten. Taufpaten waren Major von Reiche, Staatsrat von Stägemann und Friedrich Ludwig Jahn, der dem Kind seinen zweiten und dritten Namen gab. Dass Jahn zu den Taufpaten zählte, gab der

Tauffeier den Charakter eines besonderen Ereignisses, das auch über den Freundeskreis hinaus Aufmerksamkeit erregte. Friedrich Ludwig Jahn war zu dieser Zeit immer mehr in die Rolle einer patriotischen Figur von ungewöhnlichem Format hineingewachsen.

Ungeachtet dieser Tatsache ließ es sich der weitsichtige Staatsrat von Stägemann nicht nehmen, Jahn nochmals freundschaftlich zu Maß und Mitte anzuhalten. Er kleidete seine Ermahnung in eine Kritik an der Haltung weiter akademischer Kreise zur Bücherverbrennung und forderte von Jahn, vor allem die Professoren möchten sich darüber klar werden, dass es inkonsequent sei, für die freiheitlich patriotische Bewegung Rede- und Pressefreiheit zu fordern und auf der anderen Seite Bücher anders denkender oder missliebiger Autoren zu verbrennen. Das spiele den Gegnern einer Verfassung in die Hände. Sie würden argumentieren, die Bücherverbrennung zeige, dass die Demokraten und Anarchisten – so wurden Jahns Gesinnungsgenossen beschimpft – doch nur eine Rede- und Pressefreiheit zu ihren Bedingungen wollten, also selbst die Zensur ausüben möchten.

Die Gegenreaktionen zur patriotisch freiheitlichen Bewegung setzten schon 1818 unübersehbar ein. Auf dem Aachener Kongress berieten Ende 1818 die Vertreter Russlands, Preußens, Österreichs, Englands und Frankreichs Maßnahmen, um die demokratische Bewegung in Europa zu bekämpfen. Jahn durfte schon im Wintersemester 1818 an der Universität offiziell nicht mehr seine Vorlesung über deutsches Volkstum halten. 1819 wurde die Wiederaufnahme des Turnbetriebes auf der Hasenheide mit der offiziellen Begründung untersagt, dass die Turnübungen im Rahmen des Schulunterrichts stattfinden sollten. Im Juli 1819 wurde Jahn verhaftet.

Ende 1819 wurden die Karlsbader Beschlüsse gefasst und anschließend vom Frankfurter Bundestag bestätigt. Damit griffen in ganz Deutschland die Aufhebung der öffentlichen Meinungsfreiheit, das Verbot der Burschenschaften, die staatliche Überwachung der Universitäten, die Schließung der Turnplätze, die Zensur der Presse und des Buches und das Berufsverbot für liberal und national gesinnte Professoren, wenn sie ihre Einstellung den Studenten vermittelten. Betroffen durch Verfolgung und Inhaftierung waren neben Friedrich Ludwig Jahn auch andere bekannte Deutsche wie Ernst Moritz Arndt, der einst Sekretär des Freiherrn vom Stein war, Karl Marx, Hans Ferdinand Maßmann, Christian Sartorius, Georg Büchner, Heinrich Hoffmann von Fallersleben und E.T.A. Hoffmann.

Die Wege Jahns und E.T.A. Hoffmanns kreuzten sich in diesen Jahren auf schicksalhafte Weise. Während Jahn ab Juli 1819 in Festungshaft saß, hatte der Jurist E.T.A. Hoffmann als Mitglied der preußischen Immediat-Kommission zur Ermittlung hochverräterischer Verbindungen und anderer gefährlicher Umtriebe das Verfahren gegen Jahn zu leiten. Er konnte keine hochverräterischen Tendenzen erkennen und verfügte die Freilassung des Angeklagten. Diese Verfügung wurde auf „höhere Weisung“ jedoch kassiert. Jahn blieb weitere fünf Jahre in Haft. Erst 1825 wurde er freigesprochen mit der Auflage, in keiner Universitäts- und Gymnasialstadt zu wohnen. E.T.A. Hoffmann hat die Vorgehensweise des preußischen Staates im Falle Jahn in seiner Erzählung „Meister Floh“ dargestellt und bekam dann prompt selbst mit der Zensur und der Disziplinarbehörde zu tun.

Die Familie Hindersinn hielt Kontakt zum Freundeskreis um Major von Reiche und einigen überlebenden Kameraden aus dem Regiment der freiwilligen Jäger. Jedoch wurden die Treffen seltener, weil die wachsende Familie das Ehepaar Hindersinn immer mehr beanspruchte. Johanna gebar in den nächsten Jahren noch drei weitere Kinder. Das zweite Kind war eine Tochter Eleonore Auguste Thusnelda, das dritte wieder ein Sohn, der auf den Namen Friedrich Wilhelm Hermann getauft wurde. Im Jahre 1926 wurde das vierte Kind geboren. Es war ein Sohn mit dem Namen Friedrich Wilhelm Waldemar. Dieses Kind hatte eine schwache Gesundheit und bereitete den Eltern viel Kummer. Es starb schon im Alter von vier Jahren.

Sofort nach seiner Thronbesteigung im Juni 1840 rehabilitierte der preußische König Friedrich Wilhelm IV. zahlreiche Männer der Freiheitsbewegung, unter anderem Friedrich Ludwig Jahn. Er gestand ihm das aberkannte Eiserne Kreuz aus den Befreiungskriegen zu. Das nahm Jahn zum Anlass eines Besuches bei der Familie Hindersinn. Er hatte den Eltern, seinem inzwischen fast zweiundzwanzigjährigen Patenkind Johann Friedrich Ludwig, aber auch den beiden anderen Kindern viel zu erzählen. Er war besorgt, dass die Kinder von ihm das Bild eines unehrenhaften Mannes haben könnten, weil er sechs Jahre im Gefängnis verbracht hatte und auch seine Konflikte mit Behörden nicht unbekannt waren. Seine Rehabilitierung durch den neuen König sollte nun jeden Zweifel an seiner Ehrenhaftigkeit bei den jungen Leuten beseitigen. Johanna und Wilhelm konnten Jahn indes beruhigen: Auch ohne seine Rehabilitierung wäre bei ihren Kindern nie der Eindruck entstanden, es mangele ihm auch im Geringsten an Ehrenhaftigkeit. Sie hätten ihren Kindern oft über die freiheitlich patriotische Bewegung und auch über die Verdienste Friedrich Ludwig Jahns erzählt, sobald diese das nötige Verständnis für solche Zusammenhänge entwickelt hatten. Sie hätten sich stets bemüht, die Kinder zu freiheitlichen Patrioten zu erziehen, obwohl dies mitunter nicht leicht mit der Loyalität zu einem Königshaus in Einklang zu bringen war, das sich rein machtpolitisch verhielt und die gesellschaftlichen Zeichen der Zeit geflissentlich übersah.

Obwohl sie nicht mit der Polizei in Konflikt geraten seien, hätten sie es in den letzten Jahren oft als sehr schmerzlich empfunden, dass sie trotz ihres Einsatzes für das Vaterland unter den unwürdigen Bedingungen eines Polizeistaates leben mussten. Es war wieder die Zeit der üblen Denunzianten gekommen. Weil ihre Studenten oder Schüler sie angeschwärzt hatten, wurden manche Professoren und Lehrer aus dem Dienst entfernt. Viele suchten sich in Amerika eine neue Heimat. So wie einst Preußen als Hort der religiösen Toleranz Verfolgten aus Frankreich und den Niederlanden Unterschlupf geboten hatte, so bot jetzt Nordamerika einer verfolgten preußischen Elite Aufnahme. Der Entwicklung und dem Wohlstand Amerikas kam dies bald zu Gute, wie einst Preußen von den Zuwanderern aus Frankreich und den Niederlanden profitiert hatte.

Johanna war mittlerweile chronisch erkrankt. Die Symptome deuteten auf eine Lungentuberkulose hin, die im Verlaufe der Zeit auch das Herz belastet hatte. Durch den Besuch Jahns und seine Anhänglichkeit an den Patensohn über mehr als zwei Jahrzehnte, aber auch durch seine Rehabilitierung war sie sichtlich aufgemuntert. Sie ließ sich von ihm erzählen, wie er die Aussichten einschätze, doch noch zu demokratischen Reformen zu kommen, ohne dass der blutige Weg nach dem Vorbild der französischen Revolution beschritten würde. Jahn versicherte ihr, dass sein Herz nicht von Groll vergiftet sei. Er werde auch das in seinen Kräften stehende tun, damit es in Deutschland keinen Umsturz mit Folgen wie bei der französischen Revolution gäbe. Aber dass Konservative und Demokraten aufeinander zugehen, sei eben sehr schwierig. Immerhin habe er in den neuen preußischen König, Friedrich Wilhelm IV., wesentlich mehr Vertrauen als in dessen schwachen Vater. Er danke ihm seine Rehabilitierung. Er glaube allerdings nicht mehr, dass er noch ein demokratisches Deutschland mit einem König an der Spitze erlebe. Dennoch: er setze seine Zuversicht auf die nächste Generation. Und die wichtigste Aufgabe, die der jetzt nach und nach abtretenden Generation noch bleibe, könnte es sein, die Kinder und Kindeskinder auf die Aufgaben vorzubereiten, die ihnen in einer künftigen Demokratie zukommen. Er habe mit Respekt und großer Freude wahrgenommen, zu welch verständigen freiheitlichen Patrioten Johanna und Wilhelm ihre Kinder erzogen hätten. Sie werden – so seine Hoffnung – den langen Weg zur Freiheit weitergehen, an dessen Ende ihre Eltern wohl nicht mehr ankommen können.

Im Jahre 1841 war Johanna wegen ihres Leidens immer häufiger an das Bett gebunden. Ihre Tochter Eleonore pflegte sie, und Wilhelm saß an ihrem Bett, wenn es seine Dienstpflichten erlaubten. Diese Stunden mit Wilhelm stärkten sie im Kampf mit der Krankheit, ja sie verlebten sogar heitere Stunden miteinander, wenn sie an die gemeinsamen Tage in Germenseel dachten, Wilhelm Episoden aus seinem Soldatenleben zum besten gab oder Johanna die Kraft fand, von der französischen Besatzung in Lüneburg zu erzählen und dabei immer wieder Wilhelms spitzbübischer Schadenfreude Nahrung zu geben verstand, wenn sie die Notlügen beschrieb, mit denen man die Besatzung an der Nase herumgeführt hatte. Auch konnten sich beide in dem langen zeitlichen Abstand nun erfreuen, wenn sie sich an den Zusammenhalt unter Freunden gegen das Besatzungsregime erinnerten. In den Besatzungszeiten selbst hatte man sich dagegen notgedrungen mehr mit den Denunzianten beschäftigen müssen, die einen nicht nur bedrohten, sondern selbst die Freude am unbeschwerten Plausch verleideten.

In den ersten Januartagen 1842 wurde Johannas Zustand immer ernster. Es stellte sich wieder starkes Fieber ein. Auf Fieberfantasien folgten Erschöpfungsphasen, in denen sie schlief, und nur noch gelegentlich konnte sie in geistiger Klarheit mit Eleonore und Wilhelm sprechen. Da Wilhelm und Johanna gelegentlich miteinander über ihre Träume gesprochen hatten, konnte Wilhelm vieles von dem erspüren, was Johanna in ihren Fieberträumen durchlebte. Und wenn er ihr dann beim Erwachen zunickte oder ihre Hände hielt, schien sie das auch zu beruhigen.

Als sie am 12. Januar plötzlich die Augen öffnete sah sie wie ins Leere. Sie schien nicht zu wissen, wo sie sich befand, erkannte Wilhelm aber und stieß hervor: „Wilhelm, Wilhelm lebst Du?“ Das waren ihre letzten Worte. Wilhelm ergriff ihre Hände und sah sie an. Sie hatten sich verstanden. Dann erlosch das Licht in Johannas Augen.

Ihr letzter Traum hatte Johanna in das Jahr 1815 zurückgeführt. Sie war in Germenseel und hatte mit mehr als einem Monat Verspätung einen Brief Wilhelms vom 12. Juni 1815 erhalten, der natürlich nichts darüber sagen konnte, ob er die Schlachten am 16. und 18. Juni bei Ligny und Waterloo überlebt hatte. Johanna bangte um Wilhelms Leben und hatte einen besonders heftigen Angsttraum, wie sie Wilhelm einmal erzählt hatte. In diesem Traum erschien ihr die Marschlandschaft um Germenseel, deren Weite ihr sonst ein

Gefühl von Freiheit und Sicherheit gab, als lebensfeindlicher, vegetationsloser, dunkler und kalter Raum. Sie sah Wilhelm, lief auf ihn zu und rief voller Verzweiflung: „Wilhelm, Wilhelm lebst Du?“ Aus diesem Traum erwachte sie schweißgebadet. Erst Wilhelms Brief vom 23. Juni 1815, den sie am 30. Juli in Händen hielt, erlöste Johanna aus ihrer Ungewissheit und beendete eine der schwersten Prüfungen, die ihre starke Seele im Leben zu bestehen hatte.

Anhang

Stätten des Gedenkens an den 2. April 1813 in der Stadt Lüneburg

Das Johanna Stegen Denkmal an der Egersdorffstraße erinnert an die Heldentat Johanna Stegens am 2. April 1813.

Die Inschrift lautet:

JOHANNA STEGEN

2TEN APRIL

1813

HIER RUHEN
DIE GEBEINE ZWEIER MÄNNER
AUS LÜNEBURG DES BÜRGERS
FRANZ SPANGENBERG UND DES
EINWOHNERS CHRIST. LUDW.
WILH. GELLERS. IM DIENSTE
DES VATERLANDES UNTER DEN
WAFFEN GEFANGEN GENOMMEN
WURDEN BEIDE AUF DIESEM
FELDE AM 1. APRIL 1813
ERSCHOSSEN
BÜRGER SETZTEN DIESEN
DENKSTEIN AM 18. MÄRZ 1863

Der Gedenkstein an die am Vortag des 2. April 1813 erschossenen Stadtwachen Franz Spangenberg und Christian Ludwig Gellers steht an der Dahlenburger Landstraße/Ecke Ziegelkamp.

Die Inschrift lautet:

HIER RUHEN

DIE GEBEINE ZWEIER MÄNNER

AUS LÜNEBURG DER BÜRGERS

FRANZ SPANGENBERG UND DES

EINWOHNERS CHRIST. LUDW.

WILH. GELLERS. IM DIENSTE

DES VATERLANDES UNTER DEN

WAFFEN GEFANGEN GENOMMEM

WURDEN BEIDE AUF DIESEM

FELDE AM 1. APRIL 1813

ERSCHOSSEN

BÜRGER SETZEN DIESEN

DENKSTEIN AM 18. MÄRZ 1863

Hier kämpften
am 2. April 1813
die ersten
Lüneburger freiwilligen Jäger
und halfen
an der Seite pommerscher Füsiliere
den ersten Sieg der Befreiungskriege
erringen.
Seiner ersten Stammtruppe zum ehrenden Gedenken
errichtet am 2. April 1913
vom 5. Hannoverschen Infanterie Regiment Nr. 165
und seinen ehemaligen Angehörigen.

Die Gedenktafel an die ersten Lüneburger freiwilligen Jäger steht an der Reichenbachbrücke.

Die Inschrift lautet:

Hier kämpften

am 2. April 1813

die ersten

Lüneburger freiwilligen Jäger

und halfen

an der Seite pommerscher Füsiliere

den ersten Sieg der Befreiungskriege

erringen.

Seiner ersten Stammtruppe zum ehrenden Gedenken
errichtet am 2. April 1913
vom 5. Hannoverschen Infanterie Regiment Nr. 165
und seiner ehemaligen Angehörigen

Carola Hartmann Miles-Verlag

Politik, Gesellschaft, Militär

Uwe Hartmann, *Innere Führung. Erfolge und Defizite der Führungsphilosophie für die Bundeswehr,* Berlin 2007.

Hans Joachim Reeb, *Sicherheitskultur als kommunikative und pädagogische Herausforderung – Der Umgang in Politik, Medien und Gesellschaft,* Berlin 2011.

Hans-Christian Beck, Christian Singer (Hrsg.), *Entscheiden – Führen – Verantworten. Soldatsein im 21. Jahrhundert,* Berlin 2011.

Eberhard Birk, Winfried Heinemann, Sven Lange (Hrsg.), *Tradition für die Bundeswehr. Neue Aspekte einer alten Debatte,* Berlin 2012.

Angelika Dörfler-Dierken, *Führung in der Bundeswehr,* Berlin 2013.

Cornelia Fedtke, Kai-Uwe Hellmann, Jan Hörmann, *Migration und Militär. Zur Integration deutscher Soldaten mit Migrationshintergrund in der Bundeswehr,* Berlin 2013.

Wolf Graf von Baudissin, *Grundwert Frieden in Politik – Strategie – Führung von Streitkräften,* hrsg. von Claus von Rosen, Berlin 2014.

Wolf Graf von Baudissin, *Der Widerstand. „... um nie wieder in die auswegslose Lage zu geraten...“,* hrsg. von Claus von Rosen, Berlin 2014.

Marcel Bohnert, Lukas J. Reitstetter (Hrsg.), *Armee im Aufbruch. Zur Gedankenwelt junger Offiziere in den Kampftruppen der Bundeswehr,* Berlin 2014.

Phil C. Langer, Gerhard Kümmel (Hrsg.), *„Wir sind Bundeswehr.“ Wie viel Vielfalt benötigen/vertragen die Streitkräfte?,* Berlin 2015.

Reihe: Jahrbuch Innere Führung

Uwe Hartmann, Claus von Rosen, Christian Walther (Hrsg.), *Jahrbuch Innere Führung 2009. Die Rückkehr des Soldatischen,* Eschede 2009.

Helmut R. Hammerich, Uwe Hartmann, Claus von Rosen (Hrsg.), *Jahrbuch Innere Führung 2010. Die Grenzen des Militärischen,* Berlin 2010.

Uwe Hartmann, Claus von Rosen, Christian Walther (Hrsg.), *Jahrbuch Innere Führung 2011. Ethik als geistige Rüstung für Soldaten,* Berlin 2011.

Uwe Hartmann, Claus von Rosen, Christian Walther (Hrsg.), *Jahrbuch Innere Führung 2012. Der Soldatenberuf zwischen gesellschaftlicher Integration und suis generis-Ansprüchen,* Berlin 2012.

Uwe Hartmann, Claus von Rosen (Hrsg.), *Jahrbuch Innere Führung 2013. Wissenschaften und ihre Relevanz für die Bundeswehr als Armee im Einsatz,* Berlin 2013.

Uwe Hartmann, Claus von Rosen (Hrsg.), *Jahrbuch Innere Führung 2014. Drohnen, Roboter und Cyborgs – Der Soldat im Angesicht neuer Militärtechnologien,* Berlin 2014.

Einsatzerfahrungen

Kay Kuhlen, *Um des lieben Friedens willen. Als Peacekeeper im Kosovo,* Eschede 2009.

Sascha Brinkmann, Joachim Hoppe (Hrsg.), *Generation Einsatz, Fallschirmjäger berichten ihre Erfahrungen aus Afghanistan,* Berlin 2010.

Artur Schwitalla, *Afghanistan, jetzt weiß ich erst… Gedanken aus meiner Zeit als Kommandeur des Provincial Reconstruction Team FEYZABAD,* Berlin 2010.

Uwe Hartmann, *War without Fighting? The Reintegration of Former Combatants in Afghanistan seen through the Lens of Strategic Thought*, Berlin 2014.

Rainer Buske, *KUNDUZ. Ein Erlebnisbericht über einen militärischen Einsatz der Bundeswehr in AFGHANISTAN im Jahre 2008*, Berlin 2015.

Erinnerungen

Blue Braun, *Erinnerungen an die Marine 1956–1996,* Berlin 2012.

Harald Volkmar Schlieder, *Kommando zurück!,* Berlin 2012.

Reinhart Lunderstädt, *Aus dem Leben eines Hochschullehrers. Persönlicher Bericht,* Berlin 2012.

Wulf Beeck, *Mit Überschall durch den Kalten Krieg. Mein Leben für die Marine,* Berlin 2013.

Jan Becker, *Aufgewühltes Wasser,* 3 Bde., Berlin 2014.

Klaus Grot, *So war's, damals. Dienstchronik eines Pionieroffiziers im Kalten Krieg 1954–1991,* Berlin 2014.

Gustav Lünenborg, *Bürger und Soldat. Innere Führung hautnah 1956–1993, 1993–2015,* Berlin 2015.

Reihe: Standpunkte und Orientierungen

Daniel Giese, *Militärische Führung im Internetzeitalter – Die Bedeutung von Strategischer Kommunikation und Social Media für Entscheidungsprozesse, Organisationsstrukturen und Führerausbildung in der Bundeswehr,* Berlin 2014.

Dirk Freudenberg, *Auftragstaktik und Innere Führung. Feststellungen und Anmerkungen zur Frage nach Bedeutung und Verhältnis des inneren Gefüges und der Auftragstaktik unter den Bedingungen des Einsatzes der Deutschen Bundeswehr,* Berlin 2014.

Uwe Hartmann (Hrsg.), *Lernen von Afghanistan. Innovative Mittel und Wege für Auslandseinsätze,* Berlin 2015.

Fouzieh Melanie Alamir, *Vernetzte Sicherheit – Quo Vadis?,* Berlin 2015.

Hartwig von Schubert, *Integrative Militärethik. Ethische Urteilsbildung in der militärischen Führung,* Berlin 2015.

Uwe Hartmann, *Hybrider Krieg als neue Bedrohung von Freiheit und Frieden. Zur Relevanz der Inneren Führung in Politik, Gesellschaft und Streitkräften,* Berlin 2015.

Romane

Christoph Karich, *Bewährung im Grünen Meer,* Berlin 2009.

Robert B. Thiele, *Die Treuhänderin,* Berlin 2012 (als Taschenbuch 2013 erschienen mit dem Titel "Der General").